JN101957

読んだら眠れなくなる住宅の話

一億総思考停止社会への警鐘

小原 由正 OHARA Yoshimasa
小原 碧 OHARA Aoi

文芸社

■まえがき（謝辞）

この本は、主に当社がこれまでに発行した広報誌原稿や、地元放送局にて二〇一五年から担当しているラジオ番組に寄せられた、リスナーからの質問に答えた内容の放送原稿を基にまとめ、一冊の本にするにあたって加筆したものです。

今回、文芸社さんとのご縁をいただき出版という機会を得たことに、まずは深く感謝したい。本一冊で、業界をガラリと変えることができるとは思わないが、たったひとりの読者の意識でも変えることができるのであれば、そのひとりのかけがえのない財産を救うことに繋がると信じたい。

〝業界の常識〟〝大多数の業者の当たり前〟は、当社にとっては〝非常識〟いや、もはや〝罪〟に等しい。

正しい施工実績を積み重ねるには、〝業界の常識〟とは真逆の、他社とは全く異なるやり方で施工しなくてはならない。私の主張を全面的に信じて、地道に現場での施工を実践し続けてくれた工務部社員がいなくては、一つとして正しい施工実績を作ることはできなかった。

また、多くの人々が、当社の考え方と施工に対する方針を知り、多大なるご理解とご賛同をいただき、熱心に応援してくださるほどの熱いリピーターとなってくださった。それは、ひとえに営業部社員が売り上げよりも顧客（住宅）にとって、何が大切なのかという当社の考え方を伝え続けてくれた成果でもある。地道に足しげく、あちこちに出向いて最前線に立ち、直接人々の顔を見て、語り続けてくれた。

もちろん、他社とは全く異なる主張であるにも関わらず、中身に耳を傾けてまっとうな判断をしてくださった、これまでの全ての顧客にも感謝したい。中でも、広報誌やラジオで業界に波風を立てるような主張をすれば、まるで我がことのように案じてくださった顧客やラジオのリスナーの方たちがいる。彼らの温かい声には、いつも大いに励まされてきた。

そして、私の考え方を消費者はもちろん、社員に伝える通訳や橋渡しであると自らを称した広報室がある。特に、私の脳内を解剖するかのように、微に入り細にわたり取り出しては、整理して文章にするという、難解かつ非常に厄介な仕事を一手に引き受けた小原碧がいる。決して万人にわかりやすいとはいえない私の主張・思いや考え方を正確に、時にはそれ以上に言語化して生命を吹き込んでくれた。彼女の存在なくして、この本を世に送り出すことは到底不可能であった。専門的なデータや数字については、図書館に通い膨大な時間を費やして資料を調査し、私の主張を裏付ける証拠固めをしてくれた。

私が長年にわたり主張してきたことは、当社の正しい施工実績の数々と、他社による数多の不良工事の実態と、データの裏付けによって、近年ようやくその正しさを証明することができ始めている。これまで当社に工事を任せてくださった全てのお客様にこの場を借りて再度、深く感謝を申し上げたい。

この本が、住宅・リフォーム業界に携わる人はもちろんのこと、これから家を建てようという人、中古住宅を購入しようとしている人、親の家を譲り受けた人、今住んでいる住宅を長持ちさせたい人、ビル・アパートを所有する人など「住宅・建物」を所有し、大切に維持していこうとしている全ての人の役に立つことができたら幸いである。

小原　由正

目次

■第三章　思考停止社会が生み出す弊害 139

思考停止する魔法のコトバ「インターネット」　190

■第四章　地球環境と住宅——216

■第五章　災害と日本の森林問題を考える——288

■序章

私がこの業界に入った半世紀前、あまりのいい加減さに愕然としたことを、未だに鮮明に憶えています。その当時の大きな衝撃と憤りが原動力となって、現在の仕事に繋がっているといえるかもしれません。

私が、地元大分県から進学のため上京し、大学卒業後に就職したのは、全国最大手の総合資材メーカーの住宅建築資材部門でした。一九六〇年代後半、日本は高度経済成長期であり、新築住宅戸数が毎年右肩上がりに記録を伸ばしていた頃でした。そこで、私は住宅を建てるための建築資材の研究開発の最前線、現実を目の当たりにすることとなったのです。

高学歴の研究者たちが日夜研究・開発しているのは、大工や左官職人などの技術者が不要で、素人の作業員でも容易に施工できる廉価な建材を大量生産することでした。

彼らの研究・開発は、建材をいかに安く大量に作るかに終始しており、それらは日本の気候の特徴が考え抜かれた伝統的な住宅建築の歴史からは、かけ離れた商品でした。

限界までコストを下げたそれら建材が、海外から入ってきたいわゆるプレハブ工法の普及とともに新築住宅商品に使われていました。実際の住宅に、どれくらいの年月使われるのか、耐久性の問題や劣化具合の想定など、日本でのデータは全く不十分だったのにも関わらず、戦後復興期から続く住宅の供給不足を解消するため、検証より建築が先行していました。既に、大量に市場に流通しており、そのことに大変危機感を抱いたのです。

数十年にわたり、人々が寝食・生活するであろう日本の住宅の安全が、非常に心許なく、疑わしいものに思えてなりませんでした。


明治維新の開国以来、西洋建築に触れてもなお、当時の職人などの技術者は、日本の伝統的な建築技術を捨てることなく守ってきました。彼らは高い建築技術を持っていましたが、それと同時に検証する能力も持っていたのでしょう。西洋から入ってきた建材や工法に安易に飛びつくことなく、良いものだけを限定的に採り入れるにとどめています。

しかし、太平洋戦争で多くの家屋が焼失し戦後復興期に突入したのち、高度経済成長期での人口の都市部への移動や、核家族化によって圧倒的な住宅の供給不足が長期的に続き、住宅を取り巻く状況が激変していきます。また、もとより戦時中から軍用資材としての過度な森林伐採も大変深刻であったため、住宅建築用の木材は圧倒的に不足していました。

そのような時代背景の中、大量生産・大量供給のためにプレハブ工法を採り入れるようになったことが、その後、日本の住宅が変わり続けていくこととなった、大きな転換期だったように思います。それまで時代の変化、技術の進化とともに、伝統を根幹に持ちつつゆっくりと「進化」してきた日本の住宅が、急激に「変化」していきました。その行きつく先にある現代の主流となっている新築住宅商品などは、もはや「甚だしく劣化してしまった」と言ってもよいでしょう。

何の疑問も持たずに欠点だらけの新建材を大量生産するメーカー、それを思考停止したまま使うハウスメーカー、それを喜んで買う消費者。そのような新築住宅が、どんどん売れる社会に大きな危機感を抱き、現場で何が起きているのかをもっと知る必要があると感じ、私は資材メーカーから新築住宅の大手ハウスメーカーへと転職しました。

当時、代表的な大手ハウスメーカーの多くは〝直営店方式〟を採用しており、工務店などの業者はハウスメーカー直営の下請けとなるのが一般的でした。言うまでもないことですが、大手ハウスメーカーは営業会社であり、実際に施工して新築を建てるのは、下請け業者です。

私が転職先に選んだ企業が採用していたのは、大手ハウスメーカーには珍しく〝代理店制〟を採用していました。代理店制とは、下請けになる業者が直営店ではなく代理店となるため、そのハウスメーカーの住宅を建てるだけではなく、従来の木造建築を建てるという選択肢も持つことが可能なシステムでもあります（直営店方式の下請け業者にはこの選択肢がない）。この企業はそれを経費削減、経営リスクを回避するために採用していたに過ぎないのですが、結果、消費者や工務店には選択の余地が残るという良い側面もありました。

一九七三年には新築戸数が一九〇万戸を記録し、直営店方式を採る一般的な大手ハウスメーカーによる住宅大量生産時代の到来は、工務店や大工、棟梁までをも下請けへと組み込んでいき、その結果日本の住宅は猛スピードで様変わりさせられていきました。大工職人が下請けにされて、代々親方棟梁から職人へと受け継がれてきた日本の建築を支えてきた大工の技術が著しく失われ始めた時代です。

当時そのような状況で、新築住宅を商品とするハウスメーカーの営業マンでありながら、私は会社の方針とは一線を画して新築住宅の押し売りをしない、という独自のやり方で日々の仕事をしていました（それなのに、皮肉にもセールス成績は、なぜか常に上位であった）。新築の受注契約を取った時には極力、従来の伝統的な日本の木造住宅に近いものを建てることを勧め、建物を既に所有している人には、建て替えよりも修繕して住み継ぐ方法をまずお勧めしていました。既にある住宅の価値を高めるための増改築営繕に最も力を注ぎました。当時まだ「リフォーム」という言葉が一般的ではなかった時代です。

その後、その企業が代理店制を止めて直営店方式を導入するという方向転換を打ち出し、それを機に、退社しました（その企業は、現在不景気を理由に、再び代理店制に戻している）。

加速し始めた大量消費社会の中で、若さゆえの理想の高さもあってか、もはや日本の住宅が壊されていくことを止めることができないという焦燥と諦めの念を抱えて、住宅業界を一旦離れました。しかし、やはり何とかしたいという思いは、年齢を重ねるとともに大きくなり、結局この業界に戻り、現在に至ります。

――この社会は、全ての分野で、思考が停止している―― 当時まだ若かった私が、心底抱いた社会への違和感と不信感。その同じ思いを五〇年経ってもなお、未だに持ち続けているのですが、近年はその傾向が一層強くなっていることに、非常に大きな危機感を抱いています。

さて、**職人要らずのプレハブ工法に、大量生産の廉価な建材を使うことで、日本の住宅の値段が安くなったかといえば、残念ながら全くそうはなっていません。**

日本人は、高いお金を支払って、価値のない、長持ちしない新築住宅を買わされ続けています。住宅業界に携わる者として、この現状に非常に大きな憤りを感じるのです。原価から算出されるべき適正価格、施工に見合った報酬を顧客からいただく。そのような至極当たり前のサービスの提供と対価の支払いが、利権構造、事なかれ主義、談合、中間マージン（不正なリベート）、価格競争、様々な事柄が複合的に絡み合った結果、もろくも崩れています。

不当に高い、または極端に安いモノもあり、では中間が妥当かといえば決してそうではなく、「妥当な価格」がどれくらいなのか非常にわかりにくい時代となっています。それは「**妥当な品質**」**も失われている**ことを意味します。そのような中では、「**良質**」なものに至っては、絶滅しつつあると言っても過言ではありません。

著しく品質の低い住宅を買わされていることに、気づいていない日本の消費者は、一体何に高いおカネを支払っているのでしょうか。

社会全体の思考停止が住宅業界にもたらしたものは、わかりやすい不良工事や欠陥住宅だけではありません。

調湿性のない（呼吸をしない）建材、**築五年未満で雨漏りすることが珍しくない**有名大手ハウスメーカーを含む昨今の住宅、日本の気候に適さない流行の住宅、耐震とは名ばかりの耐震工事、建てたオーナーからお金を搾り取り続けようと囲い込む巧妙な長期優良住宅のシステム……。これらはクレームにすらならず、業界の主流となっており、人々に、市場に受け入れられています。

住む人々が、本来かけなくていい修繕費や維持費にお金を吸い取られ続けている、そのような歪んだシステムが、住宅商品やリフォーム工事を供給する側と行政、無知な消費者の間に確立されて久しいのです。一部の大企業が儲かる制度、税金の流れ、利権構造ができています。

どの問題にも共通しているのは、施主となる消費者も、施工者、企業、行政も、思考が完全に停止しており、頭を使うのは一部の利権を得る者たちだけであり、その知恵を使う方向性も、「いかにして楽に自分たちが儲かる仕組みにするか」ということのみであるということです。

義務教育程度の理科の知識で考えるだけでも「おかしい」とわかる、でたらめなことばかりであるのに、誰も気づかずに、疑いもせず、値段は高いのに価値は低い新築住宅ばかりが、「売れるから」「みんなやっている」という理由でどんどん建てられており、消費者はそれを喜んで買っています。三〇年ものローンを組んで建てて、三年後には雨漏りが始まり、ローンの支払いをしながら、改善しきれないのに修繕をし続けなくてはならぬなど、思いも寄らぬことでしょう。

誰もが知っている有名大手ハウスメーカーから地域の工務店まで見渡す限りの業者が、歪んだ住宅業界の歯車となり、消費者をだましてお金儲けすることに、何の罪悪感も持たなければ、だましていることを微塵も自覚していません。

悪意のある業者も、さほど悪意がなく善良ともいえる業者でさえも、同じように歯車の一つとなって、このいびつな住宅業界を支えているのです。

しかし、最も大きな問題は、被害者であるはずの消費者が、その加害行為を支える大きな基盤となって貢献していることです。不当に搾取されながらも、それを支え続けているのです。

こういった現状を何とか変えるために、ひとりでも多くの消費者に気づいてもらうことが、当社の存在意義であるといっても過言ではないという自負が、このような発信をし続けている大きな理由でもあります。

言うまでもないことですが、政治の腐敗は有権者の責任でもありますが、同様に**企業の腐敗は消費者の責任**でもあります。

そのことを私は、社会に出た当時から痛切に感じて声の届く範囲で警鐘を鳴らしてきましたし、愚直に実践してきたつもりです。しかし、それから既に五〇年が経ち、事態は良くなるどころか、更に悪化している現状に、残念ながら落胆せざるを得ません。大きな責任も感じつつ、自分の役割は、できることは何かと奮い立たせて、ペンを手に取っているという次第です。

■第一章　建築業界の現状〜壊れてゆく日本の住宅

◆日本の住宅の寿命◆

「まえがき」でも述べたように、当社では二〇一五年からラジオ番組を通して、リスナーから住宅に関して様々な質問に答えてきました。それでは具体的なケースを取り上げながら問題点を指摘していきます。

Q　築四〇年以上の家の寿命について質問です。以前ラジオで、「新しい住宅の方が、古い住宅よりもよほど不安がある」と社長が言われていたので、この家を修繕していこうと考えていましたが、子どもは独立して市内に新築を建てました。しかしその住宅は、**築三年で雨漏りが始まり**ました。新築業者は他人事のような感じで、処置をしてくれても全く改善しません。新しい住宅にお金をかけて修繕するより、この古い家を修繕した方が良いのではと思っています。

しかし、もしかして、この**古い家はたまたま雨漏りしていないだけで**、**住宅自体の寿命は近づいているんじゃないか**とも思ったりもするのですが、実際のところどうなんでしょうか。（ラジオリスナーからの質問より）

非日常の台風や地震、豪雨など、大きな自然災害で住宅が傷んでしまうのは、これはもうある程度は仕方のない部分もあるかと思います。

甚大な自然災害に備えるというのは、極端な話、たとえ災害に遭ったとしても、中にいる人間の生命を守れるよう倒壊しない・壊滅的なダメージを受けないよう建てることと、住宅に被害があった時に適切な補修をすること。自然の脅威の前に我々人間にできるのはそれくらいです。

もちろん、どんな災害が起きても無傷でありたい、できる限り被害を最小限にしたいというものを目指してはいるのですが、自然の脅威・エネルギーというのはケタ違いです。人工物だけでなく、山や川などの地形を瞬時に変えてしまうほどのエネルギーを持っているからです。

そのエネルギーが、そのまま住宅地を直撃するような事態を回避する、または被害を最小限にするよう対策するというのは、個人でやることではなく行政の仕事であり、その仕事についての不満を私は大いに持っています。

いわゆる治山治水が、日本では全くできていないと感じるからです。造林事業により人工林を増やして無策に放置して山の保水能力を失わせ、全てが無駄とまでは言いませんが、安易な河川工事やダムの建設など、税金を使った自然破壊で自然の摂理を壊してしまう。その場凌ぎの治山治水工事は、一見プラスの作用があっても一時的なもので、それを上回る「**想定外**」のマイナスが生じるのが、日本の公共工事の大きな問題点であると感じています。

想定外とは決して言えない、普通に考えれば容易に想定できたことまでも、「想定外」という言葉で誤魔化されていることが大変多いことも、大きな問題の一つといえます。**専門家と称する人間がするべき仕事のほとんどは、本来、想定外を減らすこと**のはずだからです。

それに加えて近年の気候の変化に、災害対策が全く追いついていません。台風や豪雨のたびに毎年「五〇年に一度の災害」「自然災害だから仕方ない」という言葉で誤魔化されて、そこに暮らす人々が、無策の代償を支払わされていると感じます。（※第五章Ｐ２８８『災害と日本の森林問題を考える』参照）

しかし、**近年の新築住宅に至っては、自然災害どころか、日常で降る雨や風、当たり前に毎日天から降り注ぐ日光にさえも弱い**。そのような住宅が、災害に遭った場合、無傷でいられるわけがないのです。

通常であれば、日常で降る雨などは、昔の人がよく言っていたように「いいお湿りだ」と言って、喜ぶべきものです。適度に雨が降らなければ、農作物も枯れてしまいますし、人間だって水がないと生きていけませんから。

しかし、現在では、ご質問のような**新築から三年程度で**、**ちょっとした雨でも漏る恐れ**があり、日常の雨にさえも戦々恐々としておられる方が多くいる。そういった方から雨のたびにご相談をいただくことが、私たちの日常の仕事となってしまいましたが、これは以前では考えられない状況です。

◆異常なことが当たり前になる、慣れることの怖さ◆

私たちも、あまりにも多いので麻痺して慣れてしまっているのですが、改めて現状を冷静に分析すると、これはいつの時代の話なのかと、本当に疑いたくなります。しかし、これが現実に、日常的に起こっているのです。

ひと昔前ならワイドショー的な番組が、「欠陥住宅！」などとか言って特集でも組むような話です。しかし、その話題が視聴者に飽きられるほど、今ではそんなに珍しい話でなくなってしまい、当事者である**お客様も淡々と処置を検討されている**のです。

これはハッキリ言って異常な状況です。その処置のご相談をいただくのが、当社の仕事なのですが、こういう状況を驚くほど多くのお客様が受け入れておられると感じます。もっと怒っていい、「なんで新築三年で雨漏りするんだ」と、新築業者に文句を言っていいと思います。

まあ、多少文句を言われたとしても、新築業者も慣れたもので、「これは**外壁の目地**（めじ）**が劣化**しています。目地は保証の対象外ですので有償で交換します」（※第二章Ｐ94『サイディングの欠点・継ぎ目』参照）とか、「**カバー工法**をお勧めします」（※第二章Ｐ114『カバー工法の真実』参照）などと平気で新たな営業をして高額な見積もりを持ってきますから、もう驚きを通り越して言葉もないのですが。

次に住宅の寿命についてですが、これは正直にいってピンキリであり、このご質問者様のお宅を見てみないことには、ハッキリとお答えできかねる質問です。築四〇年というと、高度経済成長期からバブル景気にかけての、建築ラッシュだった頃に建てられたいわゆる〝安普請〟と言われた住宅かもしれません。しかし、その安普請の住宅と言われた時代の住宅でさえ、現在の新築住宅に比べたら、はるかにマシといえます。それほど、今どきの新築住宅は、長持ちしません。

多くの人が、「木造住宅の寿命は短く、鉄筋コンクリート住宅や鉄骨造の寿命は長い」

「古い木造住宅より新しい2×4住宅の方が丈夫」という、大きな誤解をしています。ただ、この「木造住宅」とひと括りに言うのは、少々乱暴に感じます。

◆木造住宅とは？◆

一般的に「木造住宅」という場合、日本の伝統的な**在来工法の木造住宅**と、それとは全く異なるプレハブ工法の住宅（木質パネル工法の住宅や2×4工法の住宅）などの**木造住宅もどき**まで一緒くたにされています。

かたや、建材の選択と建て方によっては、適切な修繕をしながら一〇〇年以上は十分もつであろうという**本来の木造住宅**です。一方、木質パネル工法や2×4工法などのプレハブ工法の**木造住宅もどき**は、適切な修繕が有効でなく、雨漏りや内部結露するに決まっている建材を選択することが多いために、驚くほど短命である可能性を元々内包している住宅です。この対照的な住宅が同じカテゴリーで「木造住宅」と、ひと括りに表現されていることには大きな違和感があります。

当社が「本来の木造住宅」という場合には、日本の伝統的な在来工法（軸組工法）の木造住宅のことを明確に指します。

※以下の調査資料で「日本の木造住宅」、という場合は一般的な広範に一緒くたにされた「木造住宅」を指しています。

◆住宅の寿命に使われる様々な数値◆

一般的によく目にすることの多い住宅の寿命は、日本が二六年、アメリカが四四年、イギリスが七五年というデータの数値です。日本の住宅の寿命が二六年と言われると大変短いので驚かれると思いますが、この「二六年」の根拠とは、実は「**取り壊した住宅の平均築年数**」(平成八年国土交通省の『建設白書』より)で、木造住宅のデータです。

現実には、築四〇年・五〇年を経過しても、まだ取り壊されず十分に使用できる建物も多いので、この数値が一般的な日本の木造住宅の寿命を表しているとは到底言えません。しかし、**日本の住宅が諸外国に比べてかなり築浅なのに取り壊されている**という事実がこのデータから読み取れますので、本当に驚かされます。

そもそも良い住宅であれば取り壊されることにはならないことを考えると、寿命からかけ離れた数値でもなさそうです。ただ、日本では住宅の価値をきちんと見ることができる専門家が少ないため、**良い住宅であっても間取りや見た目が古いというだけの理由で、数多く取り壊されている**という残念な事実も無視できません。

　また、日本が二六年というのに対して、イギリスは七五年ということで日本の倍以上です。欧米と日本との数値の差にも驚かされますが、建築物に対する概念が、欧米と日本とで随分違うということも背景にあると考えられます。

　ヨーロッパやアメリカなどの主要先進国では、古くなっても手を加えることにより、良い建物は価値が下がることはなく、それどころか手の加え方によっては、価値を高めることもできるという考え方が主流です。そのため、新築よりも中古住宅の売買の方が大変盛んです。既に建てられている現存の建物が魅力的であるという考え方から、マイホームを検討する時に、新築にこだわる消費者は多くありません。しかし日本では、この逆の現象が起こります。

　日本の不動産の査定には減価償却という算定方法が採られ、年月が経てば経つほど価値が目減りするという想定に基づいて不動産価格が決まり、その上、固定資産税なども同じ理由から年々安くなっていきます。この査定方法のせいなのか、建物が古くなれば建物自体の価値がなくなる・建物がダメになると誤解している人が、新築・リフォーム業者、不動産業者、そして一般消費者にも大変多いのです。そういった誤解が、住宅の取り壊しに歯止めがかからない要因となっているのです。このような背景から、マイホームを検討する時、お金があれば新築を建てたいと「**新築信仰**」を持つ人が多くいるというわけです。

中古住宅市場では、たとえ高額な建築費で建てられていたとしても、古いというだけで立派な住宅が安くたたき売られるということが往々にしてあります。お金と手間をかけて、古く（不動産的には）価値の低い住宅に手を加えるより、いっそ更地にして売ってしまえという風潮があり、中古住宅市場は欧米ほど盛んではありません。

見た目や築年数は古いが**本当は立派な中古住宅より、ちゃちな建売住宅の方が高値で売買されている国は、日本くらい**でしょう。

もちろん、地震大国であるということが、少なからず影響を与えている面があるのは間違いないでしょう。過去の大きな地震によって、住宅の構造にダメージがあるのではないか、という既存の住宅の劣化に対する不安は、地震大国ならではのもので、日本ほど地震が多くない欧米にはあまりない感覚かもしれません。

しかし、**「もったいない」という精神がある**一方で、その言葉を生んだ国とは思えないほど、**モノを大事にしない風潮がある**のも確かです。住宅のように、大きなエネルギーを費やす建築物が、他の国に比べて著しく短いスパンで、まるで使い捨てのように取り壊されているということについて、非常に残念に思うのです。

◆独り歩きする、寿命が二六年という数値◆

「取り壊した住宅の平均築年数」の日本の二六年という数値ですが、この数値が日本の住宅そのものの寿命だと誤解を与えて独り歩きしていることも、日本の建築業界の問題をややこしくしています。

「日本の住宅は、せいぜい三〇年と言われているから、それくらいしかもたない住宅を建ててもよいのだ」と考え違いをしているのではないか、というハウスメーカーがたくさんあるのです。大手でも小さな会社でも、せいぜい三〇年程度しかもたないのではないかという住宅を新築して販売している会社が山ほどあります。「１００年住宅」というようなキャッチコピーで売り出されている新築住宅も多くありますが、勇ましいのは名前だけで実際の寿命は三〇年程度と、ある意味「三〇年」というデータに引っ張られてしまい、もはや、それを目安にしているのではないかと疑ってしまうほどです。

実際に、当社にご相談に来られる木造住宅もどきにお住まいの方の多くが、築三〇年ほどで建て替えを検討されています。理由は様々にありますが、かなりの割合で**住宅の劣化**

によって建て替えを検討せざるを得ない状況で、業界の人間として胸を痛めてしまいます。新築時からの構造上の欠陥により改善しない不具合を抱え、新築業者や施主が想定していた以上に劣化しており、定年時の退職金をリフォームや建て直しに使わざるを得ない、そうしなければ住めないような住宅になっているのです。

「**人生100年時代**」という言葉は、イギリスのリンダ・グラットン教授が『LIFE SHIFT』（池村千秋・訳　東洋経済新報社）という著書で書いたことがきっかけとなり、世界中で注目されました。**世界的に見ても**「**長寿大国**」**と言われる日本**で、老後資金の多くを住宅のために予定外に使うような事態は、誰にとっても避けたいことでしょう。先進国の人間の寿命は世界的に見ても延びているのに、**日本の住宅の寿命は短くなっている**のです。

◆「建物の平均寿命推計」の最新調査◆

もう一つよく目にする住宅の寿命として使われている日本三〇年、アメリカ一〇三年、イギリス一四一年というデータの数値があります。これは、「**住宅のサイクル年数**」といって、**全ての住宅が入れ替わるのに何年かかるか**を国際比較した調査の結果です。

先述した「**取り壊した住宅の平均築年数**」を見るとわかるように、日本では寿命が来ていないのに解体される住宅が大変多く、それがこの結果には反映されているため、住宅のサイクル年数も大変短い年数となっています。
もちろん、このデータの数値も決して住宅の寿命とはいえません。しかし、これらの数値をそのまま「住宅の平均寿命の年数」として本やインターネットの記事などに書かれている方もたくさんいるのが大きな問題の一つとしてあります。こういった誤解を与える**データの数字が独り歩きしている**現状は大変危惧しているところです。

では、**木造住宅の寿命年数**とは、一体どれくらいなのでしょうか？

より実態に沿った住宅寿命を推し量る研究はいくつかありますが、木造住宅の寿命年数で比較的信頼しうる数値となると、早稲田大学の小松教授らが行った「**建物の平均寿命推計」の最新調査**（二〇一一年）というのがあります。
この調査によると、人間の平均寿命を推計するのと同様の手法を建物で採用した場合、**木造住宅の平均寿命は六五年**としており、一般的に我々が思い浮かべる「木造住宅」の平均寿命としては、そこそこ現実に近い数値なのではないかと考えています。もし、「木造住宅」ではなく「日本の伝統的な木造住宅」に絞って調査をしていたならば、この数値はもっと長いものになったであろうと確信しています。

ともかく**広範な意味での木造住宅であっても六五年はもつ**という結果がある一方で、建て方、使う建材次第では一〇〇〇年以上、一千年以上もつ建物も存在します。日本最古の木造建築物は法隆寺ですが、これは世界最古の木造建築物でもあります。

地震大国でありながら、数多くの歴史的建造物を遺してきた**日本の伝統建築技術である木造建築**は、世界に誇れる素晴らしい技術です。

しかし、現代の木造建築には、伝統建築の根幹が伝わっておらず、その建築技術には残念ながら、かなりのギャップがあるのも事実です。そのうえ、**一般住宅の建築技術は年々劣化して、粗悪な住宅ばかりになっている**といっても過言ではありません。まして、大手ハウスメーカーで主流の**木質パネル工法、2×4（ツーバイフォー）などのいわゆるプレハブなどは全くの別物**で、外国から入ってきた工法が元となっています。日本の気候とはかけ離れた土地で生まれた工法が、今や大手ハウスメーカーで建てる住宅の主流となっていることに、大きな疑問を感じています。

◆戦後から高度経済成長期の住宅大量生産時代が変えたもの◆

第二次世界大戦の終戦直後、多くの国土が焦土と化した日本では、とにかく住居が不足していましたから、とりあえず雨風を凌げればいいというバラック住居がどんどん建てられました。国内の森林は戦時中の軍需用材として乱伐され、建築資材が圧倒的に不足していたという当時の事情からも、集成材や合板などの**新建材を開発、使用せざるを得ない時代であった**ことは想像に難くありません。

その後高度経済成長期に突入し、ベビーブームによる人口増加と大家族型から核家族型への移行、都市集中型の人口移動もあり、マンションや戸建てがどんどん建てられる建築ラッシュの到来となりました。東京オリンピックや大阪万博などの開催による特需をはじめとして、「大量生産大量消費」型の経済活動が一気に加速しました。

一軒の住宅を建てるのに、地域に根差した大工職人が、施主とともに半年から数年ほどの時間をかけて建てていたそれまでの建築の常識とは大きく変わり、建て始めから完工までにかかる期間のスピードが重視されました。

また建材不足の解消と、原価を抑えるために、安価な新建材が安全性の検証なしに大変普及しました。過剰な経済優先、採算性重視の風潮の中、原価を抑えた住宅大量生産時代が長く続き、シックハウス症候群などの社会問題を起こすこととなった時代です。（※第二章P60『シックハウス症候群について』参照）

日本のそれまでの歴史の中で、**建物を建てるということに対する考え方が、この戦後復**

興期から高度経済成長期までに根底から大きく変わったのです。住宅は、消費経済の「商品」となり、企業のお金儲けのための道具となってしまいました。

「安く、早く、大量に」ベルトコンベアーに載せるように新築住宅を建てては叩き売り、暮らし方に合わなくなったからと取り壊す、まさに使い捨て文化の全盛期でもありました。

この流れを牽引したのは、大手ハウスメーカーです。この時代の風潮が少なからず影響を与えたのが、先述した「取り壊した住宅の平均寿命」（日本二六年）に表れているのではないかと思います。

また、「木造住宅は弱い、長くはもたないから古くなったら建て替えよう」という間違った認識が浸透してしまったのも、この住宅大量生産時代の副産物と言えるでしょう。

こういった時代の流れに警鐘を鳴らし、疑問に感じていた建築関係者が、本来の建築をしていなかったというわけではありません。そのため、この時期に建てられた住宅でも良いものは存在します。しかし残念ながら、数は圧倒的に少ないのです。

◆住宅の寿命と、適切なメンテナンス◆

冒頭のご質問に戻り、四〇年前に建てられた住宅の寿命は、どれくらいかとの問いへのお答えですが、本来の伝統的な木造住宅であれば、適切な補修をすれば一〇〇年以上もちますし、補修の方法も色々とあります（これまで高度経済成長期以降、爆発的に増えた大量生産の木造住宅もどきを批判しましたが、恐ろしいことに、ここ**近年建てられている新築住宅**は、更にそれよりも大幅に劣化しています。本書でこの後、詳しく述べていきます）。

よく補修や修繕はどの程度必要なのか、というご質問をいただくのですが、良い住宅を長持ちさせたいのであれば、**適切な時期に正しいメンテナンスがある程度必要である**とお答えしています。

そのメンテナンスの頻度や程度は、住宅によって違ってくるため、目安というものがあっても、例外はいくらでもあります。

但し、そのメンテナンスがあまりにも頻繁に必要な住宅は、そもそも良い住宅とは言えません。

例えば、当社で新築を建てる場合は、メンテナンスが頻繁に必要でないように建てています。建てて一〇年程度で再塗装しなければならない住宅は、建てたくないというのが正直なところです。

当社では、住宅塗装も請け負っていますが、住宅塗装の工事は将来的になくなってほしいと思っています。人体に害のない塗料は存在せず、塗装従事者への健康被害、住む人への健康被害を思うと、とても心配だからです。（※第二章P64『揮発性有機化合物（VOC）について』参照）

屋根にも外壁にも塗装などのメンテナンスが必要のない住宅は、昔からあります。また、良い住宅はメンテナンスがしやすく、適切なメンテナンスを施した場合、それが有効に働くのです。その代表的なものは、最新の住宅でもなんでもなく、古くからある日本の伝統的な陶器瓦と塗り壁の住宅です。伝統的な住宅は、日本の気候に最も適しており、高い湿度と雨の多い日本でも快適に過ごせて、はるかに長持ちする住宅なのです。

残念ながら巷に溢れている住宅は、その真逆のものです。比熱の低い建材で建てられた今どきの新築住宅は、高温多湿に弱く、雨にも弱い。日本の気候には全く適しておらず、そのため長持ちしません。

建てて数年で壁の塗装が剝がれる、壁が割れる・反る、屋根が劣化する、雨漏りする……。何千万円もする住宅を新築して、決して安くない住宅ローンを何年も毎月支払っているのに、一〇年も経たないうちに塗装によるメンテナンスをしなければならない状態の住宅をたびたび目にしますが、「全面塗装が必要で、工事代金は一〇〇万円かかる」と新築業者に言われて、よく支払うなと正直思います。私だったら築一〇年でそんなもの払いたくないですね。

住宅を長持ちさせるためには、適切な時期に正しいメンテナンスが必要と述べましたが、このような住宅は**メンテナンスをしても長持ちさせることに繋がりにくい**。不具合を解消するにしても、その場凌ぎにしかならない。残念ながら、住宅の保全のためという観点の、有効なメンテナンスができないのが特徴なのです。

雨漏りのご相談の場合ですと、早い方で築三年目から雨漏りが始まったという住宅もありますが、大半が**軒も屋根勾配もない、箱型の住宅**です。また、築一〇年で始まったという住宅に調査に行くと、もっと以前、恐らく新築直後から雨漏りが始まっていた形跡があり、目に見えるまでに進行して住人が気づいたのが一〇年経ってからだったに過ぎない、ということがよくあります。

更には、構造的な欠陥を抱える住宅も珍しくありません。「二〇〇年もつと言われたが、新築三年目頃から、この住宅はおかしいと気がついた」というご相談もいただきます。

私は職業柄、全くトラブルや問題のない住宅に調査に行くことはありませんから、問題を抱えた住宅を専門的に見ることになります。その中で「なぜ、こんな構造で建ててしまったんだろう？」とか「基本的な建て方を完全に間違えている」という住宅がたくさんあるのです。

それをどうかすると、**「木造住宅」のせいにされてしまう**ことが多々あります。「木造住宅だから弱いんだ」とか「鉄筋コンクリート住宅だったら強いのに」などと、根本的な原因の考察にいきつかず、短絡的に間違った認識で括ってしまうのです。実際には、その住宅の建て方の問題なのであって、比較するならばむしろ鉄筋コンクリート住宅の方が寿命は短いのです。

◆本物の木は、最高の建材◆

水はけと風通しの良い土地にしっかりとした土台を造り、伐採された後も呼吸するかのように湿気を含んだり、放出する木材を適材適所に使う。壁は調湿作用のある漆喰などの塗り壁にして、屋根にはしっかりと勾配を付けて塗装不要の陶器瓦を載せる。特別な住宅でもなんでもないのです。もちろん、私が発明したわけでもありません。昔からこの国の気候に合ったその土地の木を、正しく伐採・加工して木材にすることで、木の利点を活かしたまま建材にすることができるのです。

法隆寺に使われているヒノキも、その土地で育ったものですから、その土地の気候に合っており、建材にされた後も呼吸をしているかのように千年以上も、その土地で建物を支え続けています。

経営コンサルタントの阿部守氏が書かれた『建設・設備求人データベース』のＨＰから引用すると次のように書かれています。

「法隆寺の西側には宮大工が代々住み、技術を受け継ぎながら修繕や点検を行ってきました。近代以前では、13世紀、17世紀初頭、17世紀末に大規模な修理があり、それ以外にも屋根瓦の葺き替えなどが行われてきました。

近代では、第二次世界大戦を挟んで１９３４年から１９８５年まで昭和の大修理が行われました。すべての木材をいったんバラして、傷んだものを差し替え、再度組み立て直しました。

修理を行う宮大工は、金堂や五重塔の木材がかなり傷んでいるように見えたため、ほとんど新しいものに替えなければならないと予想していました。しかし、古びた柱を解体してカンナをかけると、その木材は、生の檜の香りが漂うほどの状態であったといわれています。実際に木材を取り替えたのは、軒などの雨風に直接さらされる部分だけでした。

古材の強さを調べると、檜は木材の中で耐久性や保存性が最高レベルであり、伐採してから200年間は強くなり、その後1000年かけて徐々に弱くなるといわれています。法隆寺では、樹齢千年以上の檜が使われていることも長寿命につながっています」

◆価格に関わらず、寿命が短い木造住宅もどきの家◆

例えば、「超ローコスト住宅」とか「コンパクトハウス」といった類の名前で売り出されている住宅を、私は大変心配しています。こういった住宅の何が問題かというと、コストを下げるために、とにかく手間や材料、省けるところをどんどん省いているからです。その結果として、価格を下げているのです。

ただ、建材のコストを下げ、手間を省いた時に、耐久性、強度はどうなのか？　調湿性はどうなのか？　快適性、健康を損なわないのか？　住宅は一体何年もつのか？　といった多くの重要な視点が、抜け落ちて置き去りにされています。

しかし問題は、このような安さを売りにした住宅だけでなく、**高額な住宅商品にも全く**

同じ不安があることです。

「超ローコスト住宅」は、原価を下げた分、価格を下げていることを売りにした商品ですが（しかし、それでも原価から見ると高く取り過ぎていると感じます）、大手ハウスメーカーを筆頭にした住宅商品も、実のところ「超ローコスト」であるのです。

手間や材料の省けるところを省いて、コストを下げていると言いましたが、建築に関して一つ確かなことは、ほとんどの手間は省いてはならず、意味があるということです。効率を良くするという意味で、無駄を省くことは企業努力として大切なことではあります。しかし、使う材料にも手間にも、それぞれに意味があります。その意味を考えたうえで、それを簡略化できるか、減らせるか、ということを慎重に考えるべきなのですが、利益重視のために大して考えることなく、どんどんカットしてしまっているのが現状なのです。

建てた住宅の、五〇年先のことどころか一〇年先ですら、建てることに携わる企業や職人たちが全く考えていない、そういった企業があまりにも多く、常態化している業界全体に、大変危惧を感じているところです。

こういった業界の意識が変わらなければ、日本の住宅はいつまでたっても、目に見えるところだけ取り繕った安普請ばかりで、本当に住宅そのものの平均寿命が、たったの三〇年ぽっちということになりかねません。業界の意識を変えるために必要不可欠なのは、消費者の意識が変わり、消費行動を変えることです。

これから新築を建てる方には、ローンの支払いが終わる頃には、住むことのできなくなっているような住宅ではなく、**住めば住むほどに価値が高まるような、修繕しながら大切に住み継ぐことのできる住宅を建ててほしい**と思います。

そして、既に建てられている住宅で、まだ十分に住める程度の良い住宅は、ぜひ必要な修繕をして住み継いでほしいと思います。樹木を植えたり、森林を守ることも地球環境を守る大切な取り組みですが、「我が家を大切にする」ということは、私たちが身近にできることの中で**最も大きな環境保護活動**なのです。

◆長期優良住宅制度の落とし穴　その1◆

さて、こういうことをお話しすると、よく「じゃあ新築する時は、長期優良住宅を選べばいいですね」と言ってこられる方がいます。残念ですが、それは正しい選択ではなく、大きな落とし穴なのです。今回、私が声を大にして言いたいことは、いわゆる「長期優良住宅」という聞こえのいい制度に安易に期待して、騙されてはいけないということです。

『長期優良住宅とは』について、「国土交通省」のＨＰによれば、次のように記されています。

「長期優良住宅は、長期にわたり良好な状態で使用するための措置が講じられた優良な住宅です。長期優良住宅の建築及び維持保全の計画を作成し、所管行政庁に申請することで認定を受けることができます。

新築についての認定制度は平成21年6月4日より、既存の住宅を増築・改築する場合の認定制度は平成28年4月1日より開始しています」

◆長期優良住宅制度とは、具体的にどのようなものか◆

新築やリフォームをする場合、以下、全ての措置を講じて、所管行政庁（都道府県、市または区）に認定申請を行えば、長期優良住宅としての認定を受けることが可能となっています。

・長期に使用するための構造及び設備を有していること
・居住環境への配慮を行っていること
・一定面積以上の住戸面積を有していること
・維持保全の期間、方法を定めていること

「認定制度概要パンフレット」からの引用ですが、この項目は具体的には以下の文言が続

いています

①劣化対策……数世代にわたり住宅の構造躯体が使用できること（劣化対策等級三かつ構造の種類に応じた基準）

②耐震性……極めて稀に発生する地震に対し、継続利用のための改修の容易化を図るため、損傷のレベルの低減を図ること（耐震等級2または免震建築物など）

③維持管理・更新の容易性……構造躯体に比べて耐用年数が短い設備配管について、維持管理（点検・清掃・補修・更新）を容易に行うために必要な措置が講じられていること

④省エネルギー性……必要な断熱性能等の省エネルギー性能が確保されていること

⑤可変性（共同住宅・長屋）……居住者のライフスタイルの変化等に応じて間取りの変更が可能な措置が講じられていること

⑥バリアフリー性（共同住宅等）……将来のバリアフリー改修に対応できるよう共用廊下等に必要なスペースが確保されていること

⑦居住環境……良好な景観の形成、その他の地域における居住環境の維持及び向上に配慮されたものであること

⑧住戸面積……良好な居住水準を確保するために必要な規模を有すること

⑨維持保全計画……建築時から将来を見据えて、定期的な点検・補修等に関する計画が策定されていること

これらをよく見ると、あたかも厳しい基準のように書かれていますが、実はごく当たり前のことを書いているに過ぎません。ごく当たり前のことを、難しくわかりにくく、もっともらしく書いているだけなのですね。

また、高温多湿な日本の気候の中で、外気に触れる屋根下地に構造用合板を使用せざるを得ない基準にも、大きな疑問を感じます。合板は湿気に弱く、その性能を長期にわたって保持することは非常に難しい建材です。

さて、実際に長期優良住宅を建てた方から住宅の性能についてのお困りや、費用や税制面での疑問などをいただくのですが、中でも最も多くいただくのが、**維持保全計画についてのお悩み**です。

◆長期優良住宅制度の落とし穴　その2◆

「国土交通省」のＨＰによれば、次のように書かれています。

「従来の『作っては壊す』スクラップ&ビルド型の社会から、『いいものを作って、きちんと手入れをして長く大切に使う』ストック活用型の社会への転換を目的として、長期にわたり住み続けられるための措置が講じられた優良な住宅（＝長期優良住宅）を普及させるため、『長期優良住宅の普及の促進に関する法律』が平成20年12月5日に成立し、平成21年6月4日に施行されました」

「我が国の住宅の寿命は約三〇年であり、アメリカの約五五年、イギリスの約七七年と比較して著しく短くなっている。一方、少子高齢化の進展による福祉に対する国民負担の増大や地球環境問題・廃棄物問題が深刻化する中で、二〇世紀の『つくっては壊す』フロー型社会から『いいものをつくって、きちんと手入れして、長く大切に使う』ストック重視の住宅政策への転換を掲げる『住生活基本法』（第一六四回国会成立）を踏まえて、第一六九回国会に、政府から『長期優良住宅の普及の促進に関する法律案』（以下「長期優良住宅法案」という）が提出された」（「長期優良住宅普及促進法の成立と課題」国土交通委員会調査室　横関洋一　より）

諸外国と比較して、寿命の短い日本の住宅の現状を打開して、長期にわたって優良な住宅のストック化を推進すべきであるという理念は、非常に理解することができます。

けれども、国の推進する具体的な施策及び**基準**が必ずしも正しいとは限りません。国は長期優良住宅に補助金を出していますが、実態は、**大手ハウスメーカーによる囲い込みを、**

国が税金を使って後押しする制度に他ならないと私は考えています。これは自由競争を阻害する、独占禁止法に抵触する制度であるとさえ思っています。

新築業者が長期優良住宅を建築した場合、制度上その後のメンテナンスを独占できるため、正常な競争による工事の品質の向上、価格をリーズナブルに抑える企業努力などを新築業者がしなくても済むようになります。もちろん、正しいメンテナンスを適切な時期に**妥当な価格で**するのであれば、何の問題もありません。しかし、実際にはそうでない工事の方が多いという結果になっています。

相見積もりを出して新築業者以外の業者でメンテナンスをすることは可能です。しかしその場合、新築業者は「新築時の維持保全計画を作成した当社以外の業者でメンテナンスをした場合、長期優良住宅の認定を取り消します」または「保証を打ち切ります」などと言います。

これは**囲い込み商法**と呼ばれる営業手法に近く、他社でリフォームの契約をしないようにする手段として、長期優良住宅制度そのものを利用することができるのです。

当社に来られるお客様には、長期優良住宅を建てたものの、こういった囲い込み商法の温床ともいえる制度そのものに疑問を持ち、たとえ保証を打ち切られてもよいので今後のメンテナンスは、当社でしてほしいと言ってこられる方もおられます。

二〇一七年度と二〇二〇年度の「戸建注文住宅の顧客実態調査」（一般社団法人住宅生産団体連合会）によれば、両年度ともに建てられた注文住宅のうち、**八割以上が長期優良住宅の認定を受けていました。**

その増加に伴い、その制度によって業者の正常な選定が阻まれて、独占により意味のないリフォームや間違ったリフォームを、他社との比較なしにされてしまったという方からのご相談が相次いでいます。**割高なリフォーム代金を「維持保全計画」という名の下に支払い続けて、**疑問を持つ方からのご相談が急増しているのです。

◆大手ハウスメーカーによる保全計画を利用した囲い込み◆

このような囲い込みは、これまでにも大手ハウスメーカーが手掛けるアパート経営のオーナー向けのものでよく見られた手口です。

アパートを建築したハウスメーカーが、定期的な塗装や修繕などのメンテナンスを独占しようと、他社で塗装や修繕を行った場合は**家賃保証などの打ち切りを示唆**して、自社でしかメンテナンスさせないようなシステムにするのです。相見積もりもなくメンテナンス契約を独占できるため、**そのメンテナンス費用は大変高額なことが大半**です。そういった中、たとえ保証を打ち切られたとしても、その方が長期的には利益になるからと、当社にメンテナンスを依頼して来られるオーナーさんもおられました。

不当に高額であることはもちろん問題ですが、たとえ高額であっても正しいメンテナンスであるかどうかが最も重要です。実際には、こういった**囲い込みでメンテナンスを独占しようとする企業に限って、まともなメンテナンスを施工しない（技術がない）**というのが残念な現状なのです。

◆長期優良住宅制度の落とし穴　その3　税金は安くなるのか◆

また、**一般的に言われている大きなメリットとして、税制面での優遇がありますが、果たしてそれは本当に純粋なメリットといえるのでしょうか？**

「長期優良住宅」に認定されることにより、住宅ローン控除の控除額が一〇年間で最大五〇〇万円になるというのが制度の大きなメリットの一つです。しかし、申請には手間や費用がかかるうえ、認定後も維持保全のための手間と費用をかけ続けるのが前提のシステムです。

また、不動産の減価償却という算出法上、不動産上の建物の価値が下がらず、一〇年後の税金が認定のない住宅よりも高くなる可能性も指摘されています。

住宅の価値について実態はどうであれ、「長期優良住宅に認定されている」という理由だけで、結果的に高くなる（安くならない）場合もあるのです。

◆長期優良住宅制度の落とし穴　その4　耐震基準は安全か◆

二〇一六年の熊本地震では、同じ地域が短期間で、震度七の激震に二度見舞われました。震度六強や七にも耐えられるはずの新耐震基準の住宅の倒壊が相次ぎました。長期優良住宅の構造は、筋交いなどの耐力壁を多く入れることで耐震性能を期待しており、また補強金物も多用されています。

そのため、非常に**ガチガチでがんじがらめの構造**となっているのです。柳がしなるような、地震による震動をうまく逃がそうとする、これまでの日本の建築とは真逆の「揺らさない」造りとなっています。揺れを逃がさないから、かえって大きな地震で倒壊する危険があるという指摘も多くあります。

少し古いのですが、耐震について以下の新聞記事を紹介したいと思います。

＊＊＊＊＊＊＊＊＊＊＊＊＊＊＊＊＊＊＊

3階建て木造住宅耐震実験「長期優良」でも倒壊
防災研　震度6強に耐えず？

防災科学技術研究所などは27日、大型震動台「E－ディフェンス」を使って3階建て木造住宅を揺らし、耐震性を試す実験を実施した。その結果、震度6強で、揺れに耐えると考えられた「長期優良住宅」の基準を満たす住宅が倒壊。実験を指揮した東京都市大学の大橋好光教授は「基準に問題はない」としているが、3階建て住宅の増加もあり、同研究所は設計上の課題などを探る。

実験では同じ設計の木造3階建て住宅を2棟使用。1棟は「耐震等級2」を満たす長期優良住宅。もう1棟は柱の接合部のみを弱くしており、同等級を満たさない。

2棟を並べて耐震基準の1・8倍、震度6強相当の人工地震波で約20秒間揺らした。実験した住宅はともに耐震基準の1・44倍に耐える設計だが、実際には余裕を持たせて建築しているため揺れを上乗せした。その結果、長期優良住宅は揺れ終わる間際に壁が崩れ横転するように倒れた。計画では、ぎりぎり倒れないはずだった。もう一方は、揺れ始めて約10秒後に柱の接合部が壊れたが、完全には倒壊しなかった。（後略）
（『日本経済新聞』２００９年10月28日付記事より）
＊＊＊＊＊＊＊＊＊＊＊＊＊＊＊＊＊＊＊

◆一番得をするのは誰なのか◆

自分の思考を停止して、何かに判断を委ねるということに他ならないのが、「認定を受けているから大丈夫」というような心理です。このような場合、判断を間違わないよう、思考の助けになるのが、**この制度で一番得をするのは一体誰なのか**を考えてみることです。

建築費が通常よりも高くなり、申請にお金がかかったとしても、住宅が良くなるのであればと、消費者は自分（住宅）への利益を期待して選択しているのだと思います。

しかし実際には、国が作った大手企業の囲い込みのシステムにからめとられているに過ぎません。そのような制度はいつも「消費者のため」「国民のため」という仮面をかぶっています。

メリットばかりが目に入るような制度こそ、一旦立ち止まって、冷静に思考して判断してほしいと思います。

■第二章　日本の気候を無視した工法と建材

◆シックハウス症候群について◆

シックハウス症候群とは、「住宅に使われている建材に起因する健康被害の総称」のことを言いますが、一九九〇年代頃、マンションや戸建ての新築ラッシュ到来の頃に、問題が表面化してきました。住宅の高気密化に加えて、化学物質を使った新建材の普及が進み、室内の空気が汚染されて健康への影響が顕著になり指摘され始めたのです。

建築材料や仕上材、それらの製造過程で使われる接着剤、塗料、防腐剤には多くの化学物質が使われています。この頃、規制される前の建材には、特に大量に使用されていました。

また、日常生活の中で避けることのできない煮炊きやお風呂、我々人間の呼吸などから排出される湿気や水蒸気などにより結露が発生し、カビや微生物などが繁殖して空気が汚染されることもシックハウス症候群の一因となっています。現在、主流の**高気密・高断熱住宅には、汚染された空気を閉じ込めてしまうという落とし穴**があります。

人間が住む営みの中で生まれる水蒸気、湿気を出さないということはできません。また、湿気は多過ぎるのはもちろん良くありませんが、住環境には、適度な湿度も大事です。そこで、化学物質をできるだけ排除することも大切なのですが、もう一つ湿気、結露の元となるものを、いかにコントロールするか、ということが大変重要になってきます。

そのため、当社が自然素材を使うのは「調湿作用」を期待してのことであり、この働きを高めるような使い方をしなくては意味がなく、お金だけがかかるということになってしまいかねないのです。

例えば、フローリングや内装材にふんだんに無垢の木材、高級なスギ材やヒノキなどをすみずみまで使っているお宅があります。化学物質も極力使わない建材で、F☆☆☆☆（エフフォースター）という最上級の等級もついている。しかし、外装材を見てみると屋根はスレートで、壁はサイディングやガルバリウム鋼鈑だったりするわけです。そういったお宅を見ると、私としては、非常に残念でもったいないと思ってしまいます。（※第二章P81『屋根勾配が小さい住宅にしようとすると、スレート屋根になる』P93『新築住宅の主流となっているサイディング壁』参照）

せっかく内装材に使った無垢の木材の利点を、活かすことのできない**比熱の低い外装材**を使用しているのですから。無垢のフローリングにして空気が清浄になるプラスと、**比熱**

の低い外装材による雨漏りや結露をはじめとしたマイナスとで、結局効果はよくてプラマイゼロ、建て方によっては、むしろマイナスなくらいでしょう。

私は比熱の低い外装材、という言い方をしましたが、当社がスレートやサイディング、ガルバリウム鋼鈑を欠陥建材であると考えている一番の理由は、**比熱が低いから**です。

比熱が低い建材を住宅に使うことによる弊害は様々にありますが、代表的なものに、結露を起こしやすくなることがあります。結露は、**表面結露**と**内部結露**があり、目に見えやすい表面結露でガラスに水滴が付いていたり、内装のクロスに剝がれが生じているお宅は、結露が相当生じやすい住宅であることが推測できます。そういった住宅では当然、目に見えない**内部結露**も起こしている可能性が高く、**壁体内部で断熱材などが水を吸ってカビが生え、微生物の温床となり、室内の空気が汚染される**原因となっています。

◆建材のFスター認定◆

シックハウス症候群が社会問題となった反動で、今度は安易に自然素材、自然素材ともてはやされてきました。そのブームともいうべき流れの中には、あやしいものもたくさんあります。「自然素材」とは名ばかりで、自然素材をどのように使うのか理由も仕組みもわかっておらず、ただふんだんに使えば使うほど良い、という傾向に走っている業者がほとんどです。

また、「F☆☆☆☆等級の建材を使えば安心」と思っている方が多いのですが、F☆☆☆☆とはホルムアルデヒド、トルエン、アセトアルデヒド、キシレン、クロルピリホスといった代表的な物質に対して規制された等級に過ぎません。揮発性有機化合物（VOC）には様々な種類があり、害が最もわかりやすく現れた物質から順に規制されているようなもので、まだ長期的な害に関してわかっていない化学物質もたくさんあります。

「F☆☆☆☆等級は厳しい基準で最も高い等級だから、有害な化学物質が入っておらず、それを使っているから安心だ」と思っているとしたら大変大きな誤解です。

釘と木材だけを使うならいざ知らず、化学物質を使っている建材を一切使用せずに住宅を建てることは、現代ではほぼ不可能です。建材から発せられるVOCと、結露のカビなどにより、居住空間の空気は予想以上に汚染される可能性があります。

そこで、それらをなるべく発生させない、発生量を減らす、発生したものを排出する、ということを建材選びと建て方、内装全ての面から真剣に考えなければなりません。

◆揮発性有機化合物（ＶＯＣ）について◆

前段で有害な化学物質に触れましたが、ここでは具体的に説明します。

有機溶剤とは、他の物質を溶かす性質を持つ**有機化合物の総称**です。溶剤としてだけでなく燃料としても使用されているなど、様々な職種で幅広く活用されています。

有機溶剤は常温では液体ですが、揮発しやすいため、**呼吸を通じて体内に取り込まれやすい**という特徴があります。また、油脂に溶ける性質も持つため、**皮膚からも吸収**されます。

常温、常圧で大気中に容易に揮発する有機化合物は、**揮発性有機化合物**（ＶＯＣ）と呼ばれます。

一九九〇年代頃から、ＶＯＣの一つである化学物質「ホルムアルデヒド」による**シックハウス症候群**や化学物質過敏症が社会的に広く認知され、問題となり、二〇〇三年七月一日に「シックハウス対策法」が施行され、建築基準法にて化学物質の発散に対する基準が明確化し、Ｆスター認定も設立されました。

このため、代表的な原因物質であるホルムアルデヒドとクロルピリホスに関していえば、法の規制により住宅建材からは減少傾向にあります。しかし、有機溶剤には中毒を起こすものから、まだ健康被害がよくわかっていないものまで、数多くの種類があります。現在建てられている住宅に使われる建材にも、多くの有機溶剤が使用されているので注意が必要です。

当社では、この有機溶剤を極力使用しないで新築やリフォーム、塗装工事をすることに尽力しています。

この問題は、私が常々指摘していることで、現状もさほど改善されていないのですが、建築業界というのは、検証より先に流通が先行してしまうという傾向が昔からあり、このシックハウス症候群は、まさにその結果であると考えています。

すなわち、それまで使用されたことのなかったいわゆる「**新建材**」というものが、木材の高騰、建材不足、需要の増人、効率化の流れで検証なしに一気に流通し、健康被害などが起きてから、慌てて検証したり、改良したりといった対策が採られたわけです（残念ながら、未だ改良されていないものも数多くあります）。

また、その被害が新建材によるものだ、と因果関係などを認められたものもまだ限られており、認められるまでには相当の期間を要しています。誰にもわかってもらえず、生産するメーカーも建築した業者も全く問題意識を持たず、結果的に多くの消費者が理由もわからずに、被害に苦しみ続けてきたという期間が、かなりあったということを忘れてはいけません。

これは、日本で起きた**多くの公害事件**と根本的に同じ構図です。国は消費者、すなわち国民の生命や安全よりも、大企業や株主の利益を守ってきたという歴史があります。

シックハウス症候群が大きな社会問題になったことなど、既に今となっては忘れ去られているかのようです。もちろん、規制や問題意識の高まりにより大幅に改善されたという面もあり、ひと昔前のように「この家に入っただけで、目やのどがチリチリする」というような、わかりやすいシックハウス症候群が減ってきているのは確かでしょう。

しかし、加害者といってもよい建築業界自身がきれいさっぱり忘れており、またさほど反省もせずに、今度は「シックハウス症候群が心配だから、自然素材だ、健康住宅だ」と言ってセールスに使う風潮には、大きな違和感を覚えてしまうところです。

建築業界全体が根本から反省しないままであるため、問題は現在でも内包しており、それがシックハウスになるか、雨漏りとして出るか、問題がどのようなカタチで表面化するかという違いだけなのです。

家を建てる際には、どんな建材を使ったとしても、適度な湿度で結露しない、腐らない、健やかな空気になるということが最も重要です。これはリフォームでも同じで、内装などをやり替える時には、特に空気が健やかになるように気を付ければよいと思います。

その観点から、当社ではリフォームでも新築でも、**結露しにくい家**、即ち自然素材を使って**調湿作用を高めるような建て方**が大切であると考えています。

その意味でも、**水はけと風通しの良い建て方と立地、雨仕舞**、そのうえで**自然素材を適材適所に有効な使い方**をする。もちろん、**有機溶剤を極力使用しない、というのが大前提で当たり前**なのは言うまでもありません。

それでは、住まいを建てる際に注意したい点を具体的に見ていきます。まずは、雨漏りについてです。

◆雨漏り◆

「**新築後、間もなく雨漏りが始まりました**」

これまでに、この言葉を一体何人のお客様から聞いたでしょうか。

当社にいただくご相談の中で、年間通して一番多いお悩みが「雨漏り」についてです。早いモノでは、新築一年以内に雨漏りが始まったというご相談をいただくことも珍しくありません。なぜ、日本の住宅はこれほど雨に弱くなってしまったのでしょうか。では、その要因をみていきましょう。

◆雨漏りの主な原因◆

雨漏りは、何に由来して発生したかによって、大きく二つに分けることができます。

①**構造的な問題**に由来する雨漏り
②個別の特殊な事情（構造体に関わらない施工不良、事故、災害など）による雨漏り

この二つに分けられます。

当社で受けた相談の場合、発生する比率は、①構造的な問題に由来する雨漏りが九割以上と、大半を占めています。②個別の特殊な事情（構造体に関わらない施工不良、事故、災害など）による雨漏り、例えば、強風で瓦が飛ぶなどの事故や、豪雨や台風などの災害による雨漏り、または通常の経年劣化による雨漏りは、原因が明確で前者と比べて対処しやすいといえます（しかし、これらが単なるきっかけにすぎず、①の構造的な問題を抱えていたところに、②の事故や災害があった、という場合は、通常の雨でも遅かれ早かれ雨漏りするに決まっていたので、原因としては①に分類します）。

①構造的な問題に由来する雨漏りについては、圧倒的に多いにも関わらず、対処方法が

わかっていない業者、雨漏り改善の**処置を間違う**業者がほとんどで、効果がないどころか逆効果となり、状況が悪化する原因となっているというケースが大変多くあります。その場合、更にややこしいことに、すぐに悪化せずに**間違った施工から数年経ち、施工前よりも状況が悪化してから気づく**ということが大半です。

このように、構造的な問題に加えて、**間違った施工**による**複合的な雨漏り**となってしまった場合、対処は更に難しくなるうえ、施工との因果関係をはっきりさせることも難しいので、間違った施工をされても泣き寝入りとなることがほとんどです。また、**新築業者は、自社の建てる住宅の構造上の問題について、全く自覚していない**ので、自社の責任だとは認めもしません。大多数の新築業者がやっており、間違っていることも、主流になってしまえば、堂々とまかり通るという状況なのです。

言うまでもないことですが、**構造上雨漏りするに決まっている住宅**の場合、築後何年経っていたとしても、構造上の問題が原因で、雨漏りが起きたのであれば当然、**新築業者に責任**があります。単にリフォーム業者の施工力がないために、起きている雨漏りを改善できなかった、または数年は何とか対処の効き目があったが（構造上の問題は、根本的な解決が見込めないために）、やがてそれも効力を失い、また雨漏りが始まってしまった、というような場合も、責任の所在は変わらず、そもそもの構造上の問題を作った新築業者にあるのです。

もちろん、間違った施工をしたせいで、雨漏りが酷くなってしまったという場合は、その部分については、リフォーム業者の責任になります。

構造上雨漏りするに決まっている住宅は、施工に対する責任の所在も明確にしておかなくてはなりませんから、間違った施工をするような業者には要注意です。

構造的な問題に由来する雨漏りは、構造的な問題の数だけありますが、結果として一番多く現れるのは、やはり屋根からの雨漏りです。屋根からの雨漏りの次に多いのが、近年急激に増えている外壁からの雨漏りです。

◆屋根からの雨漏りの今と昔◆

注意が必要なのは、**従来の屋根からの雨漏りと、最近の住宅に起きている屋根からの雨漏りでは、住宅の変化に伴い原因が全く異なる**ということです。従来の住宅には、①構造的な問題に由来する雨漏りは、あまりありません。ほとんどが、②個別の特殊な事情による雨漏りで、対処のしやすい雨漏りであるといえます。

以前は、屋根からの雨漏りといえば、築年数が三〇年〜五〇年などの経年劣化した住宅で、稀に起こるものでした。

しかし、最近起きている屋根からの雨漏りの場合、従来の住宅にはない**構造的な問題を抱えていること**がほとんどで、そのため**築浅でも生じる**という特徴があります。

その**構造的な問題**の代表的なものが、**屋根勾配が小さい（傾斜が緩い）**か、**屋根勾配がない、または（それに加えて）雨漏りするに決まっている屋根材であるというもの**で、**雨漏りが起きるリスクが、新築時から非常に高い**のです。現に雨漏りしている大半の住宅で、屋根勾配が小さい（または、ない）、ある特定の屋根材を使用している、という共通点が明確にあります。

屋根勾配の小さい住宅の代表的なものが、「スレート」という屋根材を葺いている住宅です。

◆屋根の構造と勾配◆

屋根勾配というのは、屋根の傾きの度合いのことです。**屋根勾配は住宅のためにも、住む人間のためにも、ある程度確保しておきたい**というのが、従来の住宅建築における考え方でした。その傾きは、屋根材の種類と形状、地域の平均風速、降雨量、積雪量などの気象条件を考慮して決められるのが一般的ですが、最近の住宅では、そういった考慮を一切

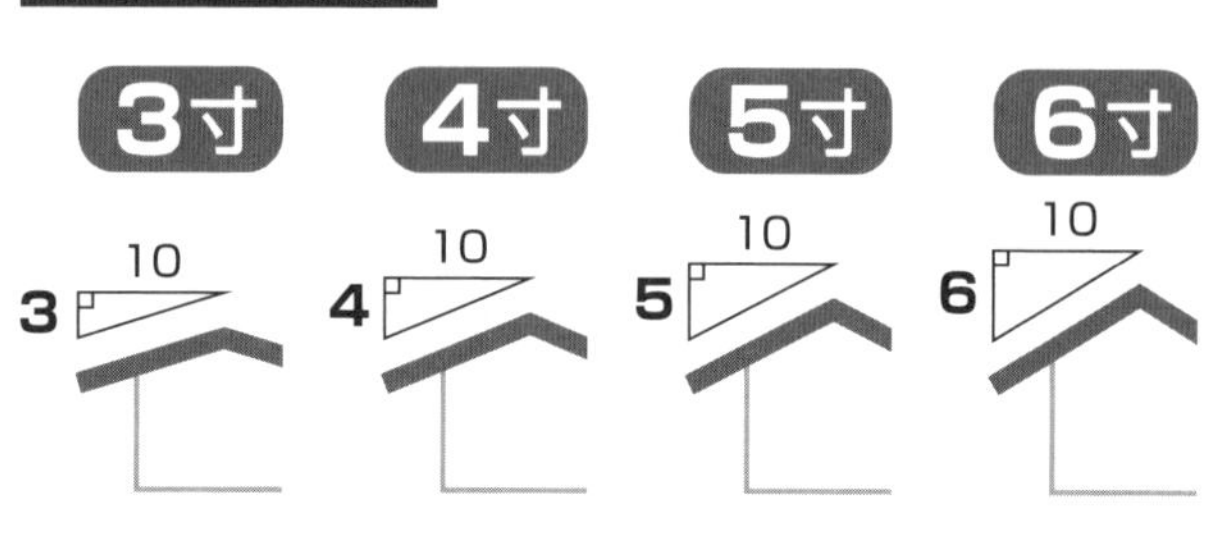

抜きにして屋根勾配がどんどん小さくなっています。
近年、屋根勾配が小さい住宅が大変増加しており、**雨漏りのご相談のほとんどが屋根勾配の小さい（または、ない）住宅にお住まい**の方からと言い切ってもよいくらいであり、皮肉にも屋根勾配の重要性を、改めて実感することができています。

屋根勾配が大きいことのメリットの一つは、**屋根裏空間が広く取れて、その分住宅の断熱効果が上がる**ことです。例えば真夏の昼、屋根は太陽に照らされています。私たちは、調査や工事のために止むを得ず屋根の上を歩くことがありますが、足の裏が火傷するくらい屋根材は熱くなっています。屋根裏空間が狭いと、熱せられて暖まった空気は、そのまま生活空間に影響してしまいます。夏、一階よりも二階の方が暑いというお悩みは、屋根勾配が小さい（または、ない）住宅に多いのです。

もう一つのメリットは、これは最大のメリットともいえますが、**屋根勾配を大きくすることで屋根、及び住宅そのものの耐久性が高まる**ことです。特に住宅の寿命を縮める一番の原因である雨漏りのリスクは、大幅に小さくなります。

屋根勾配を大きくすると、**瓦の下にあるルーフィングや野地板などの腐食による雨漏りのリスク**も低くなります。勾配があることで、**雨水は流れ落ちやすくなり、雨水が屋根に滞留する時間が短くなる**ので、屋根材の塗装剝がれや苔の発生など、劣化を遅らせることができます。

逆に屋根勾配が小さくなると、雨水の滞留時間が長くなります。その結果、瓦の劣化が速くなるうえ、ルーフィング・野地板などの屋根下地に雨水が浸入しやすくなり、勾配の小さい屋根材は通気性も悪いため乾きにくく、雨水で濡れた下地材は腐食しやすくなります。

このように屋根勾配の小さい（または、ない）屋根は、雨水が浸入しやすく構造体を傷めることに直結するため、住宅の寿命を縮めてしまうのです。

そのため、**雨の多い日本**では、もともと**屋根勾配は四寸勾配以上とられている住宅が主流**で、「雨仕舞」をいかにするかという工夫は、日本の住宅とは切り離せないものでした。

◆日本の気候と降雨量の世界比較◆

日本で住宅を建てる場合、「雨仕舞」が大変重要です。日本のこれまでの住宅は、雨に対する備えや工夫をしてきたという歴史があり、そのための〝屋根勾配〟であり、〝軒の出〟なのです。

ここで、我々が暮らしている日本の気候を改めて考えてみましょう。

暖流である日本海流（黒潮）や対馬海流の影響を強く受ける日本のような島国では、夏は太平洋から吹きつける南東の季節風（モンスーン）が沿岸に降雨をもたらし、冬は大陸から吹きつける北西の季節風が日本海側に雪を降らせることになり、日本はこの季節風の影響で世界的に見ても多雨地帯なのです。

このような気候の日本で、雨に対する備えや対策、いわゆる「雨仕舞」が住宅にとって、どれほど大切であるかということを重ねて強調しておきたいと思います。

ここに「**世界の年間降水量　国別ランキング**」（GLOBAL NOTE HPより　出典元：Food and Agriculture Organization of the United Nations）という一八二カ国のデータがあります。

・一位　コロンビア　三二四〇ミリ
・一八位　フィリピン　二三四八ミリ
・三〇位　ジャマイカ　二〇五一ミリ
・四八位　日本　一六六八ミリ
・五六位　スイス　一五三七ミリ
・六五位　ノルウェー　一四一四ミリ
・七二位　韓国　一二七四ミリ
・七四位　イギリス　一二二〇ミリ
・八一位　ナイジェリア　一一五〇ミリ
・一〇〇位　フランス　八六七ミリ
・一〇五位　イタリア　八三二ミリ
・一一二位　アメリカ　七一五ミリ
・一一三位　デンマーク　七〇三ミリ
・一二五位　スペイン　六三六ミリ
・一二八位　スウェーデン　六二四ミリ
・一三九位　カナダ　五三七ミリ

・一四〇位　**フィンランド**　五三六ミリ
・一四一位　オーストラリア　五三四ミリ
・一四六位　ロシア　四六〇ミリ
・一五四位　アフガニスタン　三二七ミリ
・一七四位　ヨルダン　一一一ミリ
・一八二位　エジプト　一八ミリ
（出典：https://www.globalnote.jp/post-816.html）

※代表的な輸入住宅……北米スタイル、スペインやプロヴァンスなどの南欧風スタイル、北欧スタイルの国々の降水量はどこも、**日本よりもはるかに少ない**

一九七一年～二〇〇〇年までの**日本の平均降水量は一七一八ミリで、世界の平均降水量八八〇ミリの二倍**に相当します。近年では、毎年のように「記録的な雨」「観測史上最大」と言われる集中豪雨が日本列島を襲っています。気候変動の影響で雨の降り方も変わってきており、まとまった雨が短時間で容赦なく降ります。

これらのデータからも、日本が世界の国々と比べて雨の多い国である、ということがよくわかります。日本では、欧米風の住宅なども流行により増えましたが、実際に欧米では日本の年間雨量の半分程度か、またはそれ以下であることを、この国に住む以上、我々はきちんと考えなくてはいけません。

日本は夏と冬の寒暖差が大きく、雨が多いという特徴がありますが、例えば地中海沿岸は温暖な冬と、暑くて乾燥した夏という気候の土地です。**地中海沿岸の平均的な年間降水量は六〇〇ミリ前後**で、日本の年間降水量の三分の一程度です。以前、日本で大変流行した南欧プロヴァンス風やスパニッシュ住宅などは、**強い日差しに対する工夫はされていますが、雨仕舞や湿気などに対する工夫は、もともとほとんどされていない住宅**なのです。

◆屋根裏の湿気対策◆

日本は高温多湿であるため、床下の湿気対策が重要ですが、実は屋根裏の湿気対策も大変重要です。**暖かい空気は上にあがるため、天井に湿気がたまる**ので、その湿気対策を必ず講じなくてはなりません。

日本の家屋では古くから、屋根にたまる湿気を、いかに逃がすかを工夫してきたという歴史があります。そのために発達してきた**日本瓦は、空気の流通を担保した建材**なのです。

瓦ぶき以前のわらぶき屋根、かやぶき屋根なども、食事を作る際の煮炊きで生じる煙や蒸気や湿気、また日本の夏の湿気を、いかに逃がすかを考えて作られた屋根材です。いろりやかまどが、ガスや電気コンロに代わり、厨房には必ずある換気扇のお陰で、煮炊きによって生じる煙や蒸気は減少したものの、日本の気候が高温多湿であることには変わりありません。

◆空気の流通と雨水の排出のための、瓦の隙間と勾配◆

屋根の野地板、構造体が傷むというのは住宅にとって、基礎が傷むのと同様に致命的なことです。天井裏に上がってきた湿気がこもると、野地板を腐らせてしまいます。その**湿気対策のため、瓦にはもともと隙間がある**のです。

隙間があると当然、雨の時に風が吹けば雨水が入ってしまう〝**吹き込み**〟のリスクが生じます。しかし、雨水が入っても、屋根勾配がきちんと付けられていれば、雨水は傾斜によって速やかに排出されます。

このように、瓦には湿気を逃がすための隙間がもともとあり、**雨の吹き込みがあるという前提**で作られており、そのため**入った雨水を速やかに排出させる**よう、最低でも**四寸以**

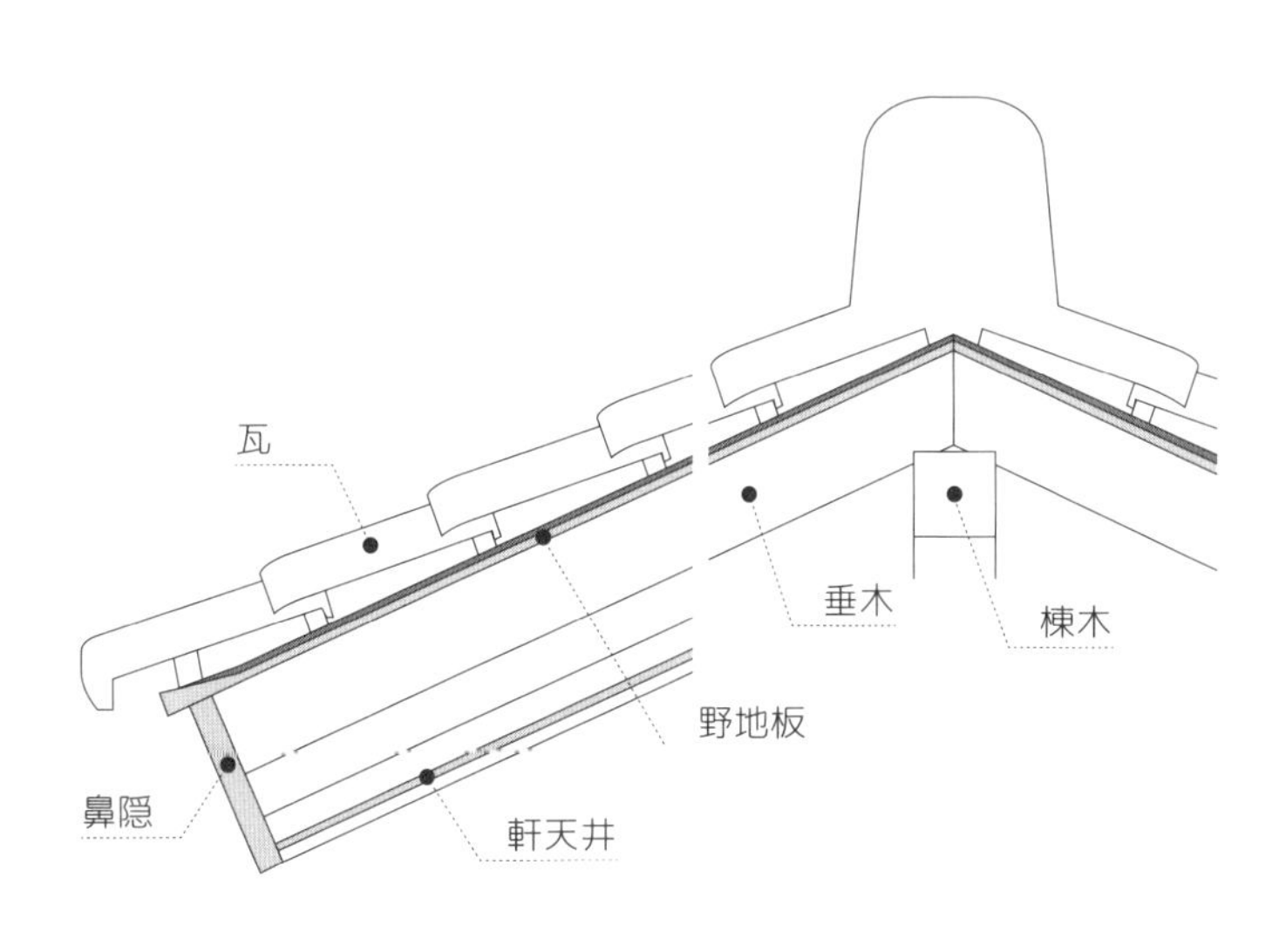

上の勾配が必要であるというのが、従来の建築の常識でした。

田舎の方に行けばまだ八寸勾配以上の住宅もあります。屋根勾配は大きいに越したことはないと言う話は、様々なところでもお話ししています。

◆耐震の名に隠されたコストカット◆

それが近年、**コスト削減のため、屋根勾配を小さくする住宅が増えてきました。**

コスト削減のためと言いましたが、屋根の勾配が小さい方が、**屋根面積が小さくなるため使う材料が少なくなり、材料代が安くなります。**屋根材が減る分、**構造体もそれほど丈夫でなくて済みます。**また、屋根勾配が小さい住宅に使われるス**レートは、日本瓦に比べて大変安価で、施工も簡便なために作業員が施工でき、職人が要らないの**

で人件費も浮きます。
そういったコストの面で、屋根勾配の小さい住宅が増えてきた、という業者側の事情があります。

しかし消費者には、コスト削減のためとは言わず、「耐震のために屋根を軽くしましょう」と言い、**原価が安くなったはずなのに、価格には反映されていません**。更に、**屋根材が軽くなった分、支える構造体もそれに合わせて小さくするため、軽くなったという耐震上のメリットは、帳消しとなっている**場合も多いのです。

実のところは「**消費者のためにならない、ハウスメーカーの利益のためのコストカット**」をされてしまったに過ぎないのに、「**耐震」という呪文**を唱えられると、そのまやかしに気づくことができなくなるのです。（第三章P168『「耐震のため」というコトバのもたらす作用』参照）

消費者を誤魔化しているという意識はなく、屋根勾配を小さくすることが本当に耐震のためになり、住宅にとって良いことだと思い込んでいる業者も多いことに、驚きを禁じえません。

◆屋根勾配が小さい住宅にしようとすると、スレート屋根になる◆

例えば、コスト削減のために屋根勾配を四寸勾配から三寸勾配にしようとした時、通常の瓦で屋根勾配を小さくすると、瓦同士の隙間が大きいので、雨水の吹き込みのリスクが大変大きくなります。そこで**スレート**という屋根材が出てくるわけです。

平たい板状（いたじょう）**のスレートという屋根材**は、通常の瓦と違って**屋根材同士の重なり部分が大きく**、また**屋根材同士の隙間が小さくなる**ので、葺（ふ）いた時点での吹き込みリスクが瓦屋根よりも小さくなります。

こうしてスレートを屋根に使うことで、勾配の小さい屋根の住宅（コストのかからない住宅）を建てることができるようになり、その結果、大手ハウスメーカーから地方の工務店まで、こぞって屋根勾配の小さいスレート屋根の住宅を建て始めました。そして**コストの低さ、施工の簡便さから、一気に全国的に普及しました。**

◆スレート屋根の毛細管現象とは◆

スレートは屋根材同士の重なりが大きいため、隙間が小さくなり吹き込みリスクが少ないのですが、隙間が少ないがゆえに、雨水が下から上に上がって、屋根内部に入り込む※**毛細管現象**が起きてしまいます。

通常の瓦と違って、一度水が入ると傾斜が緩いために、雨水がなかなか排出されません。また、雨水が屋根面に滞留している時間が長いために、少量の雨でも毛細管現象は起きてしまいます。更に、屋根面の水分が速やかに排出されずに雨水が滞留している時間が長いということは、勾配の小さい屋根は勾配の大きい屋根に比べて劣化の速度が上がるのです。

※毛細管現象……細い管状の物体の内側の液体が、管の中を上昇または下降する物理現象のこと。スレートの重なりが密接であるため、水が上がる細い道ができてしまう。または塗装によってスレート同士が塗りつぶされてしまった場合に、わずかな隙間ができ、毛細管現象が起きやすくなる

スレート葺き屋根の構造

「①野地板」の上に「②防水シート」を
重ねたスレートを「③釘」で貫通させ固定

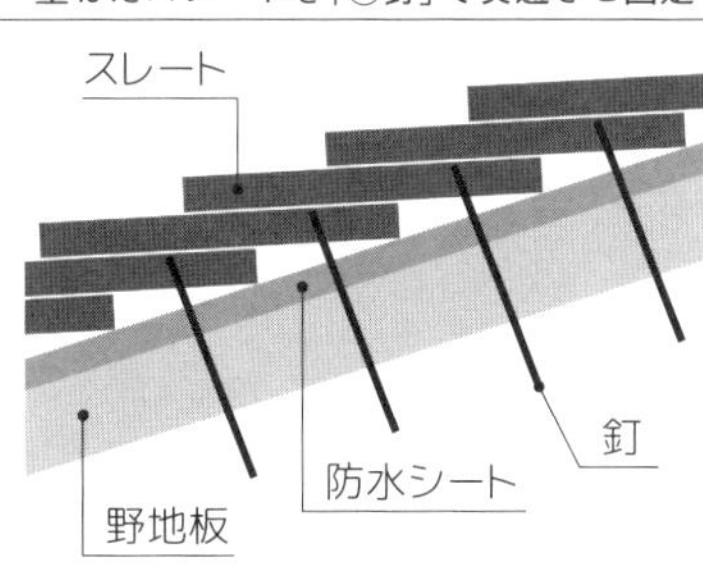

◆スレート屋根に施工するタスペーサーとは◆

スレートの毛細管現象を防ぐために、タスペーサーを入れるという方法があります。**薄い板状のタスペーサーという部材**を隙間に差し込むことで、スレートの重なりの隙間を拡げるという施工です。ある程度の隙間が生じれば、少量の雨水であっても傾斜を上がっていき、屋根内部に雨水が入ってしまうという毛細管現象はなくなります。

しかし、当然のことながら、隙間が大きくなることで、吹き込みリスクは上がってしまいます。そもそも、瓦屋根で勾配を小さくしたら、瓦同士の隙間が大きくなってしまう……。スレートなら勾配を小さくしても、スレート材同士の**隙間を小さくすることができるから**と採用されたはずなのに、タスペーサーにより**スレート材同士の隙間を広げてしまおう**というのですから、もう本末転倒です。「**隙間が小さい**」という、**スレートを使う最大の理由が成り立たなくなります。**

タスペーサーを使うと、毛細管現象により常時、大したことのない雨でも、雨水が上がり屋根内部に入ってしまうということを防ぐ代わりに、**横なぐりの風を伴う雨では、吹き込みにより雨水が入る**ようになってしまいます。常時、大したことのない雨で毛細管現象によって雨水が入るよりも、年に数回の激しい雨の吹き込みによって、雨水が入る方が**まだマシ**だということで、根本的な解決とは言えません。タスペーサーを入れるというのは、**どちらがよりマシか**という消極的な解決策、いえ**解決策ともいえない場当たり的な施工**なのです。

◆タスペーサーのデメリット◆

タスペーサーを入れると、毛細管現象で常時、雨水が屋根内部に上がるのを防ぐことができます。しかし、そもそも勾配の小さい屋根だから、できるだけスレート材同士の隙間を空けたくなかったはずです。そのために、隙間の少ないスレートという材料を使ったわけです。それにも関わらず、わざわざ隙間を空けるということは、今後は**台風や強い風を伴う雨の際、吹き込みリスクが上がってしまう**という事態になります。

更に、スレート屋根の雨漏りの場合、**縁切り**を行うのが一般的ですが（スレートとスレートの隙間に塗料が固まって、より隙間が小さくなり、毛細管現象が起きやすくなっている境目を、カッターなどで切断する施工）、あたかもそれが特効薬のように、隙間に**タスペーサー**を入れて拡げることで、雨漏りが軽減できると信じている業者が多くいます。

そのような業者は、雨漏りしていなくとも、**予防的にタスペーサーを入れる**ことを勧めたりもしています。「屋根の塗装をする際に、通常はスレート一枚につきタスペーサー一枚が一般的だが、うちは一枚ではなく二枚ずつタスペーサーを入れております」などという業者がいますが、とんでもないことです。雨漏りもしていないのに、最初から隙間を空けて吹き込みリスクを増やしている。これはもう屋根に傷を付けているようなものです。

コンサルタント会社の講習でも、このような施工を勧めている講師（業者）があり、驚いてしまいます。

◆毛細管現象で水が入るか、吹き込みで水が入るかという、悩ましい二択◆

さて、これまでにスレート屋根は、吹き込みで雨水が入るか、毛細管現象で入るか、と**いった二通りの雨水の浸入が生じてしまう**という、構造的な問題点について詳しくご説明しました。スレート屋根は、**吹き込みで雨水が入ってしまうことと、毛細管現象で雨水が入ってしまうことのどちらかを防ぐと、どちらかが生じる**という悩ましい問題を抱えているのです。

スレート屋根の場合は、このように必然的に、構造的な雨漏りの原因がもともとあります。

これがスレート屋根の抱える構造的問題で、こういったケースで雨漏りが起こった場合、どうするかということを考えなくてはならないのです。しかし、スレート屋根の構造的問題を正しく理解して対処しようとしている業者が、少ないことが大きな問題なのです。

「スレートを載せる場合でも、四寸以上の勾配を付けるようにしています」という比較的良心的な工務店も全国的には少ないがあります。しかし、スレート屋根は、たとえ勾配を大きくしたとしても、毛細管現象が起こります。毛細管現象は、垂直でも起こります。傾斜をものともせずに、水が上に上がっていくのです（勾配がある分、雨水が屋根面に滞留するということは軽減されるので、もちろん勾配が小さい場合よりも、雨漏りのリスクは圧倒的に低くなります）。

ただ、スレート屋根の住宅であっても、屋根勾配が大きく、かつ他の屋根材の重量に耐えられる強度が構造にある場合は、他の屋根材に葺き替えをするという選択ができます。

勾配と強度が十分あって、陶器瓦に葺き替えることができれば、スレート屋根ならではの悩ましい問題は解決します。陶器瓦であれば塗装も必要ないので、その後のメンテナンスの費用もかからずに済みます。

◆スレートの雨漏りは消極的な対処法しかない◆

しかし、屋根勾配の小さいスレート屋根で雨漏りがあった場合、構造的な問題が雨漏りの原因であるため、根本的な解決は見込めません。

このような話をすると「じゃあ、**屋根の勾配を大きくして、**スレートから瓦に葺き替えてください」と言われることがありますが、そういったリフォームは、まず施工することがありません。なぜなら、新築時から屋根勾配を小さくしているために、**屋根面積が小さく、屋根材の使用枚数が少ないので、その重量を支える程度しか構造体の強度がない**からです。屋根勾配を大きくするためには、住宅の構造体から丸ごと作り直さなければなりません。そのような工事は、費用の面からも施工内容の面からも、現実的ではありません。

このように、雨漏りの根本的な解決が見込めないために、費用対効果が高い解決方法、ベストではなくても、ベターな方法を一つずつ試して様子を見るという消極的な対処法しか選択できないのです。

不思議なことに、それまで雨漏りしていたのに、ふとした拍子に運よく自然に雨漏りが止まることも稀にあります。そのため、止まるという保証のない消極的な工事にお金をかけるより、様子が見られるような程度であれば、三ヵ月ほどバケツを置いて様子を見て、自然に止まるか待ってみるということをお勧めすることもあります（根本的な問題を抱えた住宅で、手の打ちようがない場合、このような手段を採る）。

自然に止まらない場合は、止むを得ず**カバー工法**という、スレート屋根の上から、すっぽりとカバー材で覆うという工事をすることもあります。

◆カバー工法の欠点◆

では、そのカバー工法で雨漏りが止まるなら、なぜ最初からそれをしないのかという話になります。実は、カバー工法は**全くお勧めできない**工法なのです。

乱暴な業者では、最初からスレートの住宅にカバー工法を勧めるような業者も存在します。雨漏りしていないスレート屋根の住宅に対して、雨漏りの予防的に勧めている業者もいます。もしくは、新築業者が「スレート屋根は雨漏りがあるから」と、カバー材にも使われているガルバリウム鋼鈑の屋根を「この建材は、雨漏りが少ないです」などと言って新築時に勧めるようなケースもあります。更には、劣化の進んだ屋根に「カバー工法は、今後の屋根の塗装工事が一切不要になります」と言って、カバー工法を勧める業者もいます。

しかし、残念ながらカバー材も当然劣化しますので、塗装工事が不要になるようなことは全くありませんし、**そもそも、このカバー工法には、致命的な欠陥がある**のです。

◆比熱が低い建材の致命的な欠陥◆

カバー工法に使われている**ガルバリウム鋼鈑**は、熱に左右されやすく、日に照らされればすぐに一〇〇℃を超えます。住宅の材料として一番使いたくない、比熱の低い材料なのです。比熱の低い材料は、屋根であろうが、壁であろうが使用したくありません。ガルバリウム鋼鈑は、当社が否定的なサイディングよりも、更に比熱が低い建材です。

この建材は、比熱が低いため、建材の内と外の温度差が生じやすく、日中太陽により温められると、内部の飽和水蒸気量が急激に増します。そして、やはり比熱が低いために、日が陰れば急速に冷えて、水蒸気は水滴となります。これが**内部結露**となるのです。ガルバリウム鋼鈑の屋根、またはカバー材では、内側でこういったことが毎日起きています。

カバー工法の場合、間に既存の屋根があるために水滴が直接落ちてくることはありませんが、既存の屋根との間で湿気がたまり、内部結露は屋根下地材が急速に傷む原因となります。

また、新築でガルバリウム鋼鈑を使っている場合は、**雨漏りと間違うほどの水滴**が落ちてくることもあります。新築間もないお宅から「雨漏りしている」とご相談をいただき調査したところ、雨漏りではなく、**ガルバリウム鋼鈑の結露が水滴となって滴り落ちていた**という例は、珍しくありません。

※ガルバリウム鋼鈑と、カバー工法については、のちに詳しく述べたいと思います。

◆屋根からの雨漏り・まとめ◆

このように、ひとたび間違った建材と工法で新築住宅を建ててしまった場合、それが構造的な欠陥となって、のちのちまで住む人間を悩ませてしまいます。後から変えることのできない構造的な欠陥による不具合は、いくらお金をかけたとしても、根本的な解決ができないのです。

例えば以前、当社では築一六〇年の歴史的な木造住宅を大改修しました。改修前は、至るところに激しい劣化がありましたが、構造的な欠陥がなかったため、適切な修繕やリフォームをすることで、改修直後は一〇〇点満点の状態にまですることができました（生活機器や間取りなどを現代の最新スタイルに改修したため、一〇〇点以上の仕上がりになった、と言ってもよいかもしれません）。

今後、長い時間が経ち、劣化していけば、また六〇点くらいの状態になるかもしれません。しかし、その時点で再び適切な改修・修繕を行うことで、また一〇〇点満点に近づけることができるのです。

法隆寺では六〇〇年に一度、大規模な修繕工事を行っており、世界最古の木造建築として、今もなお立派な建築物として建っています。そういった修繕をすることが可能な、優れた構造であるといえます。

しかし、**構造的な欠陥を内包している住宅**というのは、一〇〇点満点にすることができません。既にマイナス何点という状態であることが往々にしてあります。お金をかけて工事をしても、せいぜいよくて五〇点くらいにしかできない。もちろん、当社が新築を建てる時には、そういった住宅は絶対に建てません。

しかし現在、日本で建てられている新築住宅というのは、大手ハウスメーカーであれ、地元の小さな工務店であれ、そういった構造的な欠陥を内包している住宅が主流となってしまっているのです。

◆外壁からの雨漏り◆

さて、近年屋根からの雨漏りに次いで大変増加しているのが、外壁からの雨漏りです。屋根からの雨漏りは、屋根勾配の小さい住宅であり、代表的なのがスレート屋根の住宅で頻発しているとお話ししてきました。

では、外壁からの雨漏りは、どのような住宅で起きているかというと、これも最近流行りの住宅に多い、外壁に**サイディングやガルバリウム鋼鈑を使用した住宅**や、**軒の出幅が小さい（または、ない）、開口部に庇がない**、そういった住宅で起きています。**軒の出が小さい上に、屋根を片流れにしていて、その屋根勾配も小さい**というデザインの住宅、**屋根も軒もない箱型の住宅**などは、更に雨漏りのリスクが非常に高いといえます。実際に雨漏りのご相談も大変多いケースです。

また、構造的な要因が複数重なっていることもあり、将来的に長く住める住宅かどうか疑問というケースもよく目にします。しかし、恐ろしいことに、新築業者も施主も、そのリスクを全くといっていいほど考えていません。雨漏りが始まって、初めて住宅の持つ構造的な欠陥について知ることになることがほとんどです。**適切な業者に相談できなければ、構造的な欠陥を知らないまま**ということも多いのです。

硬い壁から一体どうやって雨水が浸入するのかと、不思議に思われる方もいるかもしれません。しかし、外壁材にサイディングが普及し始めたことで、そのまさかという壁からの雨漏りが急増していったのです。

◆新築住宅の主流となっているサイディング壁◆

サイディングは、現在新築されている住宅の一〇〇件中、九九件に使用されているのではないかというくらい、主流になっている建材です。残念ながら、これほど流通してよいような建材ではないのですが、使用するならば、せめてその特徴や欠点を知り、必要なメンテナンスをするべきであるということを、色々な所で言わせていただいています。もちろん、使用しないに越したことはない、というのが当社の考えです。

サイディングは、発売当初「塗装不要」という売り込みで流通した建材です。**新築時に施した塗装が半永久的にもつから、再塗装やメンテナンスは要らない、だからコストパフォーマンスが良いと謳って普及**しました。そのメリットがないのであれば、そもそもこれほど流通していないはずの建材なのです。

◆サイディングは安い◆

サイディングは、現場で職人が施工するモルタルや漆喰壁などの塗り壁と違って、工場で作る製品であるため、材料が安価であり原価が安く済みます。また、現場での**施工も簡便なために、高度な技術を持つ職人が要らない**ので人件費も浮きます。しかし、コスト削減の面は住宅の販売価格には反映されず、意匠性を凝ったものにすることで、デザイン性を高めて高級建材のような売られ方をしています。

こうした点からガルバリウム鋼鈑や、スレートと全く同じ構図となっています。安かろう、悪かろうの建材が、あたかも良質な建材のような売られ方をしているのです。

◆サイディングの欠点・継ぎ目◆

まずサイディングの第一の欠点は、継ぎ目が生じることです。最終的な仕上げの外壁材に継ぎ目が生じるのは、壁として致命的な欠点といえます。その理由は、**継ぎ目の目地から、雨水が浸入してしまう**ことが建物への大きなデメリットとなるからです。裏からバックアップ材などで水が入らないようにしたところで、雨水の浸入は時間の問題です。

なぜなら、サイディングとサイディングの継ぎ目の目地は、シーリングで埋めます。この**シーリングが紫外線によって劣化し、目地の中でボロボロになり継ぎ目を埋めるという役割を果たさなくなるのが、非常に早い**のです。私が、この点をシーリング材のメーカーに問い合わせると、**耐用年数**は三年と答えたメーカーもあります。

サイディングを使った新築を建てる施主は、こういった非常に短いスパンで目地が実質機能しなくなる、新築後かなり早い段階で、継ぎ目からの浸水リスクが高くなる、ということを皆さんご存知ないと思います。大体平均して築一〇年を待たずに目地からの浸水が多少なりとも見受けられ、塗装をして保護し直すというケースがほとんどです。「塗装不要」という謳い文句は何だったのか、と言いたくなります。

◆サイディングの欠点・反り◆

第二の欠点は、経年に伴い**サイディングそのものに反りが出てくる**という大変大きな欠点です。反りの理由は、サイディングが蓄熱しやすい素材であることが大きな要因です。サイディングは比熱が低い素材なのです。繰り返しになりますが、※比熱が低い素材というのは建材には向いていません。

※**比熱**……比熱とは、簡単に言うと一グラム当たりの物質の温度を一℃上げるのに必要な熱量のことです。比熱は高くなるほど、温まりにくく、冷めにくい性質をもっています。**水は地球上の物質（常温・常圧で液体または固体の物質）の中で最も比熱が高い**ので、熱しにくく冷めにくい物質なのです。比熱が低いほど熱の変化が生じやすい、熱しやすく冷めやすい性質であるといえます。

◆サイディングの内部結露◆

比熱の低いサイディングは、建築材料としては決して良い材料とはいえません。比熱が低いと何が起こるかというと、日中、太陽熱に温められて建材が熱を持つことで、内部の空気が暖められ、湿気の多い空気が壁体内部に滞留します。逆に、夜になると低温になりますが、サイディングのような比熱の低い素材の場合、温度の変化は急速に起こります。水蒸気を含んだ空気が急激に冷やされて、空気中の水蒸気は水滴となります。これを内部結露といいます。

窓ガラスを見るとわかりやすいのですが、壁内で水滴がびっしり付いているわけですから、断熱材を濡らしてしまいます。内部結露による断熱材、クロスなどのカビが、近年社会問題にもなっているシックハウス症候群の原因の一つとも言われています。内部結露は構造体を蝕み住宅を傷めますが、住む人間の健康を蝕む元ともなるのです。

このように比熱の低いサイディングは、急激に温まったり、冷えたりというのを繰り返すのですが、これは建材の傷みに直結します。その結果生じるのが、**サイディングの「反り」**なのです。

サイディングは比熱が低いため、こういった現象が大変起きやすい建材で、これが意外に知られていない最大の欠点です。近年、サイディングに次いで増えてきたガルバリウム鋼鈑は、住宅の屋根、外壁にも使われていますが、サイディング同様に（またはそれ以上に）注意が必要です。

サイディングの反りや割れなどの劣化を防ぐには、およそ一五年を目安に、サイディングを保護するために正しい塗装をすること、室内側で調湿作用のある内装にするなどできる限りの結露対策をすること、これくらいしか手立てがありません。

しかし、それらをしたとしても、**反りや割れなどの劣化を防げるとは言い切れない**ことが、当社が「サイディングは欠陥建材である」とお話ししている大きな理由の一つなのです。

◆サイディングは水に弱い◆

見た目からは想像しにくいのですが、サイディングは、実は水を吸いやすい建材なのです。そして、多くの物質と同様に、水を吸うと伸び（膨らみ）、乾くと縮むという性質があります。

サイディングは、直射日光や雨水にさらされることで著しく劣化します。軒の出が大きければ、直射日光や雨水にさらされる範囲が圧倒的に狭くなるのですが、残念ながらサイディングを外壁に使っている住宅に限って、軒の出は小さいことがほとんどです。

直射日光や雨水による劣化を防ぐために、サイディングの表面は工場の段階で塗装されて出荷されます。**しかし、裏面は無塗装**なのです。そのため、裏面には内部結露による水滴、湿気が入り込みます。そして水を吸う↓乾くということを繰り返すことにより、反りが生じるのです。

サイディングは、表側は乾燥し、裏側は濡れる（水を吸う）という**建材の表面と裏側の伸縮の差**によっても、反りが生じてしまうのです。更に、冬季は吸った水分が凍結して膨張することも、反りやひび割れに直結します。当然のことながら、反りやひび割れた箇所からは、更に雨水が浸入してしまい、構造体までをも傷めてしまいます。

　このようなサイディングの弊害を「直貼り工法でなく通気工法であれば防げる」と言う専門家（とは名ばかりの）もいますが、これははっきりいって間違いです。サイディング自体の比熱が低いことは変わらないので、どのような工法で施工しても、内部結露は避けられません。

　ごく最近のサイディングは多少の改良がみられ、以前のものよりも水を吸いにくくなってきてはいますが、残念ながら根本的な解決とまでは至っていません。

　一度反ってしまったサイディングは、元には戻りません。逆向きの力を加えたところで反りが戻ることはなく、割れてしまいます。よくサイディングの四隅が割れたりしているケースがありますが、恐らく反りに気づいて、慌ててこれ以上の反りを防ごうと留めたりした結果、反る力と固定された力により、割れてしまったのです。

　そこで、反りが生じる前に、早め早めに策を講じて、メンテナンスし続けなくてはなりません。サイディングとは、住んでいる間中そういったことが必要となる建材なのです。

　こういったことを、新築の際に知らされていたという方は全くおらず、それどころか、「サイディングは丈夫で強い」とか、「サイディングはモルタルと違って塗装が要らない」などと真逆のことを聞かされている方が大変多いというのが現状です。

◆軒の役割◆

一般的な一戸建ての住宅には普通、屋根と軒がありますが、「屋根勾配」と「軒の出」には、大変重要な役割があります。どのような屋根にするか、勾配をどれくらい付けるか、軒の出をどのくらい出すかで、その住宅の**雨仕舞の能力**が決まってきます。住宅にとって、雨仕舞をいかに有効にするかは、住宅の寿命に直結するといっても過言ではありません。耐震と同じくらい、重要な要素です。

近年増えてきた軒の出の小さい（または、ない）住宅は、壁面に雨が直接当たる面積が広くなります。これは雨の日に大きい傘をさすか、小さい傘をさすかで、どのくらい自分が濡れるかを比べるとわかりやすいかと思います。幼児用の傘を大人がさすと、身体の大部分が濡れてしまい、せいぜい肩くらいまでしか守ることができません。腰から下は、雨に濡れてしまいます。しかし、大きい傘をさすと、濡れる範囲の方は、ぐんと狭くなります。

軒の出が大きい住宅では、風を伴う横なぐりの雨であれば、壁面の下部は濡れてしまいますが、それでも軒の出に守られている部分は濡れずに済みます。しかし、軒の出が小さい住宅では、風が吹いていない時の雨でも、壁面の広範囲が濡れてしまいます。雨に対して無防備であり、雨ざらしといった状態になってしまうのです。

これは、雨の多い日本では致命的な欠点といえ、その結果、たとえ築年数が新しい住宅であっても、壁面からの雨漏りを発生させてしまっています。

こういったことは、建てる前に少し想像力を働かせて考えれば、誰でもわかることです。ましてや住宅を建てるプロであれば、いくらデザイン性が斬新な造りであり、コストが低くて売れそうでも、軒の意味や役割を考えたら、軒の小さい（または、ない）住宅など、決してお客様に勧めてはならない、ということがわかるはずです。しかし、現実にはそうではないから、どんどんこのような住宅が建っており、しかも主流とまでなっているのです。

サイディングやガルバリウム鋼鈑の外壁が増えたことに加えて、軒の出が小さい（または、ない）ことで、屋根からの雨漏りに次いで爆発的に「外壁からの雨漏り」が増えています。

◆軒の出が大きければ壁面からの雨漏りリスクは低くなる◆

軒の出は、大きければ大きいほど、雨が外壁に当たらなくなり、逆に小さくなればなるほど、外壁に雨が当たる面積が増えていきます。たとえ、サイディングを使用していたとしても、軒の出が大きければ、サイディングの劣化を遅らせることができます。

昔の日本の住宅のように、軒の出が大きい住宅は、日常の雨はほとんど壁に当たりません。雨が当たらないので、外壁自体が汚れにくいために長く美観が保てます。また、夏の日差しに対しては、日除けにもなります。水に濡れることが少ないことと、直射日光に当たることが少ないということは、壁の劣化を防ぎます。また、外壁に多少のトラブルが生じても、即座に致命的なダメージに結びつくことが少なくなります。

適度に大きい軒は、長く美観を保ち、雨漏りのリスクを減らし、住宅の耐久性を上げてくれていたのです。雨の多い国に住む日本人の知恵が、軒の出の大きい住宅を生み出したのです。もちろん、雨仕舞は軒の出だけに限らず、先述したように屋根勾配がきちんとあることも大変重要な要素です。

◆新築業者は、なぜ軒の出を小さくしたがるのか◆

これほどデメリットが多いにも関わらず、軒の出が小さい住宅が増えているのは、屋根勾配が小さくなっていった理由と、またサイディングが主流となっていった理由と、全く同じです。建てる業者側のコスト削減という理由です。

屋根勾配を小さくしたうえに、軒の出を小さくすれば、更に屋根の面積が減り、使用する建材などが単純に少なくて済みます。また、軒の出を大きくするには、それを支えるための下地（垂木）に大きな部材が必要ですが、軒の出が小さければ、構造体も小さな部材で済み、更にコストが安くなります。

儲けを重視して住宅を建てる業者にしてみれば、軒の出が小さいというのは大歓迎となるのでしょう。その結果、安くて（しかし材料代と施工費は安くなっているにも関わらず、なぜか販売価格は高い）消費者受けが良いデザインということで、軒の出が小さい住宅が大変増えてきました。これは大手ハウスメーカーによる販売戦略の賜物で、コストが安い住宅を流行させるために、**軒や屋根勾配の小さい（または、ない）住宅を、あたかも新しい流行の住宅かのように宣伝してきた**結果なのです。

軒の出が小さい住宅を売りたいがために、軒の出が小さい住宅をおしゃれだと思わされるような販売戦略が採られているのです。「かっこいい」「新しい」「おしゃれだ」と感じ始めて流行するわけではなく、消費者は巧みにそう思わされているだけなのです。

◆大きく建てるには軒の出が邪魔◆

そしてもう一つ、軒の出を小さくすればするほど、敷地の境界ギリギリまで住宅を建てられるという理由があります。

国土が狭い日本では、一戸の住宅にあてられた土地は大変狭いことが多く、軒の出を大きくすると、壁面から隣地まで、軒の出幅の分だけ距離を取らなければいけません。軒の出を大きくすればするほど、建物は敷地の境界から距離を取って土地の中心に建てざるを得ず、逆に軒の出を小さく、もしくはゼロにすれば、隣地境界制限の限度まで建物を建てることができるわけです。

その理由として、土地代が高いため、小さな土地に住宅を建てたいとなると、軒を小さくしたくなるのです。軒の意味や役割を知らない一般の方が、「軒なんかいらないから、ナシにして、敷地ぎりぎりまで建物を建てたい」と言ってこられるのは致し方ないとしても、建築業者がお客様の要望通りにしたのか、コスト削減のためなのか、軒のない住宅を実際に建てている現実には、大変憤りを感じます。

数年も経てば、軒がないために建物に被害が生じるとわかっていて建てるのであれば、それはもう建築のプロとは名乗ってほしくないくらいです。もちろん、何の疑問も持たずに、流行だからとかコストが安いからといって、軒のない住宅を建てている建築業者は、プロでも何でもありません。

日本の住宅にとっての軒や屋根勾配の意味や役割、建物の仕組みを知らずに住宅を建てている業者が、どれほどいるか考えるだけで、恐ろしくなります。また、当たり前のことを主張する、まともな建築業者が、圧倒的に少数派であることも、大変残念でなりません。

◆変化してきた施主と業者の関係◆

また、もう一つの要因として、「なぜ日本の伝統的な住宅は、軒の出が大きいのか」を全く考えずに、消費者のニーズに安易に応えるような、何も考えていない思考停止した業者が蔓延した結果とも言えます。例えば、素人である施主が「軒を小さくしたい」と注文した時に、本来であればプロである建築業者は、軒の役割を教えてあげるべきです。そうすると施主は「へえ、軒って大事な役割があるんだな」とすぐに納得できるわけです。

昔の大工は、新築に年単位の時間をかけていて、施主が疑問に思ったことに対して、大工が休憩の時などに、今取り掛かっている工程の説明をしたり、「これはこういう理由で、こういう形なんですよ」などと、コミュニケーションを取るのが普通でした。施主や地域の人が総出で、家の建築作業を手伝う時代もありました。そうしながら施主も自分の家のことについて、なるほどと理解を深めていったのです。

大工は先代の親方から教わり、技とともに建築の基本的知識を受け継いでいました。そのため、昔の人は、学校で住宅の仕組みを習っているわけではないのに、天井裏や床下など通気の仕組みや、軒や屋根勾配の役割などを、生活の中で知恵として当たり前に知っているものでした。

そういった建てる人と、建ててもらう人の関係性が失われ、全く様相が変わってきたのが、高度経済成長期以降の戸建てやマンションなどの新築ラッシュでした。それは大手ハウスメーカーによる住宅大量生産時代が生み出した最大の弊害であると思います。住宅が、消費経済の商品になってしまった結果、大工と施主が一緒に**建てていくもの**ではなく、消費者がお金を出して**買うモノ**に変化しました。人々が使っていた「家を建てる」という言葉も、「家を買う」というように変わっていきました。

今や建てられている住宅のほとんどが、人が健康に住めるか、長持ちする住宅かどうかよりも、「売れやすいデザイン」「安く早く建てて高く売る」という観点で建築……、いえ〝大量生産〟されているのです。「エコ」や「健康」といった言葉ですら、売るためのキャッチコピーとなって、商品にペタペタと貼り付けられている現状です。

◆雨漏りするに決まっている新築住宅◆

このように、屋根勾配、軒の出、使用される建材というのは、住宅にとって大きな役割を持っています。見た目が好みだから……とか、最近流行しているから……とか、なんかかっこいいから……といった理由で消費者が自由に選べる類のものではありません。
本来、住宅の構造さえしっかりしていれば、そう簡単には雨漏りなどすることもなく、たとえ雨漏りしたとしても、有効な手立てをいくらでも採ることができます。

企業がコストを下げて、利益を生み出すのは当然のことではありますが、限度があります。コストを下げることで、耐久性までが下がってしまうようなことや、住人の健康や安全が犠牲になることなど、決して許してはいけないのです。しかし、企業のモラルが低下し、企業努力の範疇を超えて手を抜いてはいけない場所や、変えてはいけない部分を変えてしまった結果、住宅の安全性や寿命、耐久性そのものが脅かされています。

建築物の原価を下げた結果、安く住宅を手に入れられるのであれば、それを選ぶのも消費者の権利ですが、決して安くなどなっていません。**原価が安くなった分、メンテナンスの費用は確実に上がって**おり、それは**購入後の消費者の長期的な負担**となっています。たとえ**費用をかけたとしても、不具合が改善されない残念なケースも多く、**「メンテナンス」という言葉自体が、もはや適していないと感じることも多々あります。

大きな台風のあと、当社ではひっきりなしに電話が掛かって鳴り止みません。雨漏りするに決まっている住宅を建てているのですから、当然といえば当然のことですが、それでもそこに住む方たちにとっては切実です。電話口の向こうで、今すぐ雨漏りを止めてほしいと必死ですから、こちらも全社員がフル稼働して緊急度の高い順に対応しています。

当社は、全国で唯一といってもよい最高レベルの施工をするという自負がありますが、最適・最善の塗装工事や防水工事をいくらしても、**構造的に雨漏りするに決まっている住宅**の場合、雨漏りのリスクをゼロにすることはできません。日本の雨を侮った建て方をしているわけですから。

そのような住宅を建てた新築業者に文句の一つでも言うかと思えば、**大抵の消費者は、新築業者には、なぜか一言も文句を言わず**、何とかしようと駈けずり回るリフォーム業者や雨漏り修繕業者に「なぜ、雨漏りを止めてくれないんだ」と文句を言うわけですから、本当に不思議です。

これから新築を考えているという方には、高いお金を出して、**雨漏りするに決まっている住宅**を建ててしまうことのないように、気を付けていただきたいものです。現在日本で出回っている、一般的な新築住宅のほとんどが、そのようなシロモノであるということを覚悟してほしいと思います。

新築業者の勧めるままに建てるのではなく、建て方や使う建材に消費者の意見を反映させることで、雨漏りしない住宅を建築することは十分可能です。

また既に、雨漏りでお悩みの方は、**従来の雨漏りと現代の雨漏りの違いを正しく認識している業者**に相談することをお勧めします。

◆欠陥だらけのガルバリウム鋼鈑◆

ガルバリウムについて、あるリスナーから連絡をいただきました。その質問をここでは取り上げます。

Q
①数年前に屋根と外壁がガルバリウム鋼鈑の家を建てました。
耐久性が強いとか、良いことばかり聞いていたのですが、住んでみると、今までの家と比べて雨音がうるさく感じ、南向きの部屋や二階は夏はとても暑く、冬はとても寒いです。
こういったデメリットに対してできる対策はありますか？
②自宅の屋根と外壁がガルバリウム鋼鈑です。
ラジオでガルバリウム鋼鈑は、建材として良くないと小原社長が言っていたので、心配になりました。新築業者は、サビに強く丈夫でとても良い建材だと言っていましたが、サビが出始めて相談したところ、塗装できないと言われました。また、まだ築五年くらいなのですが、吹き抜けの天井から雨漏りしています。メンテナンスなど、どのような点に気

を付けたらよいか教えてください。

この質問者は、既にガルバリウム鋼鈑を使用した家を建てられているということで、私は次のように答えました。

非常に申し上げにくいのですが、ガルバリウム鋼鈑は建材として決してお勧めしない建材です。当社では新築を建てる際に、絶対に使いたくありません。しかし、なぜかここ数年大変流行しており、ガルバリウム鋼鈑をやたらと使いたがる建築士の方が増えていて、大変残念なことだと感じています。インターネットなどで検索をしても、ガルバリウム鋼鈑については、肯定的な「良い建材」という情報しか見当たらないので、ビックリしてしまいます、と。

◆ガルバリウム鋼鈑とは何か◆

鋼鈑とは一体どんなものか、というのを非常に簡単に説明すると、鉄の板に**金属メッキ加工を施したもの**です。ガルバリウム鋼鈑は、このメッキがアルミニウム五五%、亜鉛四三%、シリコン一・六%の比率でできています。ちなみに、同じ鋼鈑では、亜鉛だけでメッキしたものが、いわゆるトタンと呼ばれるもので、他にはステンレス鋼鈑などもあります。これらも、サイディングパネルの一種に分類されることもあり、金属製サイディングと呼ばれたりもしています。

ガルバリウム鋼鈑は、建築材料としては主に屋根や外壁に使用されています。鉄は錆びるものであり、錆びると酸化鉄となり強度が大変脆くなります。このガルバリウム鋼鈑は、メッキ層の亜鉛（Zn）が鉄（Fe）よりもイオン化傾向が大きいことを利用し、腐食環境下において鉄（Fe）よりも先に亜鉛（Zn）が溶け出すことで、原板である鉄（Fe）の腐食を防止（犠牲防食）するという仕組みになっており、このため「ガルバリウム鋼鈑はサビに強い」と言う売り文句になっているわけです。

しかし、こういう割には、実際は錆びているガルバリウム鋼鈑をよく見かけますし、ご相談はあとを絶ちません。「サビに強い」と言っても、あくまでも金属の割には錆びにくいだけであって、**建築材料として外装材に使うほど、強いとはいえない**と私は思っています。

このガルバリウム鋼鈑という建材は、日本が一番普及しているのではないかと思いますが、もともとはアメリカで生まれて日本に入ってきたものです。そのアメリカでも、実は住宅の建材としては、それほど普及していません。

私たちが知っている鋼鈑というと、いわゆるトタン屋根というのがあります。錆びやすく、すぐ温まる。欠点ばかりですが、安いということで、簡易的な建物によく使われています。

そして、トタンだけでなくガルバリウム鋼鈑も、もともとは安さと施工の簡便さゆえに、倉庫などによく使われていましたが、一般住宅に使われることはあまりありませんでした。なぜか今、流行して増えていますが、安い倉庫にしか見えないといって敬遠される方も多くおられますし、アメリカ人の知人などは、あのような安物が、なぜ日本の住宅業界で流行しているのか理解に苦しむと言っていました。

また、ガルバリウム鋼鈑は丈夫で強いとか言われています。これは鋼鈑にしては、ということで、トタン屋根よりはサビに強いと言えるかもしれません。しかし、建材の中で丈夫で強いかというと、決してそんなことはありません。当社が、いつも欠陥建材として否定しているサイディングがあります。この従来のサイディングの方が、ガルバリウム鋼鈑よりはマシであるくらいです。

ガルバリウム鋼鈑は、はっきりいって欠点ばかりですが、最近シンプルモダンという新築の家でよく使われています。一級建築士が作るデザイナーハウスなどに使われています。

当初は工務店やハウスメーカーで、**予算のない若い方向け**に安いけども、おしゃれな風合いにして使っているような状況でした。しかし、流行したからか、なぜか今では低予算向け住宅ではなくなり、ガルバリウム鋼鈑を使っていても、高い値段で売られているのでびっくりしてしまいます。

ガルバリウム鋼鈑は、実は「カットした場合は、メーカーとしての保証は致しません」と言うことがメーカーからはっきりと提示されています。しかしガルバリウム鋼鈑は、切り口から錆びる特性があります。カットせずに建材に使うことなど、有り得ないわけです。

そして、ガリバリウム鋼鈑の住宅を見ていただくとわかるのですが、外壁の表面に色々なものがくっついていないのです。色々なものをくっつけると、そこがキズになるということで、開口部に雨水の浸入を防ぐために必要不可欠な庇なども付けられないのです。キズもまた、腐食の条件となります。

それ以外にも、**雨に濡れて乾くことを繰り返すこと**、**違う金属と接すること**なども腐食の条件となります。

しかし、それよりも何よりも私が一番言いたいことは、やはりこれは金属であり、比熱が低いため、日が当たると結露するわけです。温度がすぐ上がり、そして上がった温度は、やはりすぐに冷えるわけです。繰り返しお話ししていることですが、建材として致命的なほど比熱が低いのです。

また同じところに話がいくのですが、逆に巷のガルバリウム鋼鈑を語る業者たちが、なぜそこに話がいかないのかな、と不思議なのです。インターネットを見てみても、結露の話がほんの少し出てくるのですが、ほとんどが錆びるか、錆びないかという点に話が終始しています。

当社ではこれまで幾度となく、サイディングやスレート、カバー工法などに警鐘を鳴らしており、その際に「比熱」の話をしてきました。人間が住む環境の中で、とても重要なものがこの比熱であり、ここを考えずに新築やリフォームをするのは、大変危険なのではないかと思っています。

ガルバリウム鋼鈑という建材は、家を造る側としては大変安いのですが、安く家を建てて、安い割には、まぁそれなりにもったかなという程度のものです。しかし、ガルバリウム鋼鈑という安かろう、悪かろうの建材を使った住宅で、そこそこの住宅としての値段を取られてしまうのであれば、ちょっと話が違うのではないかと率直に思います。

◆カバー工法の真実◆

Q　リフォーム会社に家のメンテナンスを相談したところ、「外壁の傷みが軽度であれば塗装にして、もし傷みが激しかったらカバー工法にしましょう」と言われました。カバー工法について詳しく教えてください。

先に結論から申し上げますと、**『カバー工法』は当社が警鐘を鳴らしている、最もやってほしくない工事の一つです。**

スレート屋根の章（第二章P88『カバー工法の欠点』参照）でも屋根のカバー工法について触れましたが、屋根だけでなく外壁にもカバー工法というのがあります。**カバー工法には、使う建材にも、工法そのものにも、致命的な欠陥がある**と言わざるを得ず、メンテナンスの方法として提示できるようなリフォーム工事では決してないのです。

例外的に、構造が持つ欠陥や劣化状況が酷すぎて手の打ちようがなく、どうしても他の有効な手段がない場合に、止むを得ずカバー工法を施工することがあります。特に外壁のメンテナンスでカバー工法をするという選択肢は、**住宅の状態によってはごく稀にというような〝最後の手段〟**なのです。

◆カバー工法とは◆

カバー工法というのは、実は三〇年以上前からあります。既存の屋根や外壁に、カバー材として、いわゆる新建材のサイディングパネルやガルバリウム鋼鈑などを張り付けてかぶせることを「カバー工法」と呼び、その工法をメジャーにしたのは、倒産したある建築資材会社A社でした。外装カバー材の「パッとサイデリア」と屋根カバー材の「パッと屋根でりあ」という商品が有名で、ひと昔前、CMでかなり流されましたので、昭和生まれであれば覚えている方も多いかもしれませんね。

カバー工法は発売当初、**一生メンテナンスが不要である**という謳い文句で売られました。しかし、随分と出回ったのちに、当然のことながら、その大半がかなり早い段階で劣化して、**メンテナンスが不要どころか、すぐに塗装が必要になる**というお粗末な事態になりました（私から見ると、ごく当たり前のことで、なぜ売れたのか、なぜ買う人がいるのか、不思議でなりませんでした）。

しかも、劣化したからといって塗装をしても、そもそも長持ちするには程遠い安価な建材（しかし、原価の割には、販売価格は高い）のため、施工しても**すぐにまた劣化してし**

まうシロモノでした。

外側に見える劣化だけではありません。住宅内部にも深刻なダメージをもたらす工法であり、カバー工法を施工した住宅で「雨漏りしている」と言うご相談で調査に行くと、カバー材と既存の屋根材に生じる激しい内部結露が、雨漏りと思うほどの量、滴り落ちているというケースも珍しくありませんでした。

こういう事態は、発売当初から容易に予測できるはずであり、私自身警鐘を鳴らしていましたが、多くの業者が売れるからと飛びつきました。また、多くの消費者も〝一生メンテナンス不要〟という謳い文句を安易に信じて飛びつきました。

その結果、「今後お金をかけなくてよいと期待して高いお金を出して施工したのに、何もしなかったよりも余計にメンテナンスが必要になってしまった、これでは一体何のために施工したのか」と言うクレームが大変多く生じました。

既にカバー工法を施工したが、それによって住宅の性能が下がってしまったことに、まだ気づいていない消費者も多くいます。

カバー工法の全国展開により、急速に業績を伸ばしたA社ですが、強引な訪問販売が悪徳商法であると問題になったうえに、**大量のクレームで**二〇〇三**年に倒産**しました。

A社の倒産後、カバー工法自体は、あれほどクレームを生んだにも関わらず、大手ハウスメーカーを筆頭に一般のリフォーム業者も売り続けており、現在でも巷に多く出回っています。

〝軽くて丈夫なカバー材〟などといって、その後も様々な素材のものが発売されており、若干の改良がなされているようです。しかし、いずれにしても比熱が低い建材であることには変わりないうえ、そもそもの工法が内部結露するに決まっており、住宅にとって非常によくない工法であるため、全くお勧めできません。

◆カバー工法の問題点・内部結露による雨漏り◆

〝カバー工法の問題点〟といった語句でインターネットを検索すると、通気が取られないことにより、高断熱・高気密住宅において**内部結露を起こす**という問題が取り上げられているのを目にすることができます。それに対して通気を確保すれば、カバー工法の問題点をクリアできる、と主張する業者がほとんどです。

しかし、通気を確保したところで、残念ながら内部結露を防ぐことはできません。どのように使ったとしても**建材自体の比熱が低いため、熱しやすく冷めやすいことに変わりはない**からです。

これはカバー工法を施工した消費者からのご相談の多くが、内部結露が生じたがゆえに起こる様々な不具合であることからもわかります。外壁の見た目の劣化というお悩みを解消するために、カバー工法を選択したが、もっと多くのお悩みが新たに生じてしまうという、大変残念な結果になるのです。

また、外壁の傷みに対して上からカバーすることは、汚れや劣化を見えなくするかもしれませんが、見えなくなるのは、それらだけではありません。

なぜ、このような劣化が起きているのか、この建物の改善すべき問題点は何か？　といった重要なサインである症状も隠してしまうため、住宅の根本的な問題の解決を非常に難しくします。

表面に張り付けたカバー材は、点検の目的などでは容易に剝がすことができないため、仮に根本的な問題点を見つけたとしても、改善のための措置を施すことも、非常に困難になってしまうのです。

そもそも、従来の木造住宅に比べて、近年主流の住宅は、**構造体が見えにくい、という大きな欠点があります**。屋根裏が狭い、または上がれない・床下に潜れないため、内部の構造体でどのような劣化が進行しているのかが、見えにくいし把握しにくいのです。

そのうえ、構造が見えにくい住宅は、改善や修繕もしにくい、という大きな欠点があります。**カバー工法は、その欠点を更に大きくさせる**のです。

◆カバー工法の問題点・耐震性能が下がる◆

また、カバー工法は**建物の総重量が上がる**という大きな問題があります。新たな建材を上から張りつけるので、これは当然のことなのですが、そこに思い至らない消費者の多さに驚かされます。

総重量が上がるということは、新築時には想定されていなかった余分な重量まで既存の構造体が支えなくてはならないので、これは住宅にとってマイナス以外のなにものでもありません。

一般的に、**重量のある建物ほど、地震の際に揺れやすい傾向が見られる**と言われています。新築時に予定されていない重量が増えることは構造体への負担となり、当然耐震性能が下がります。南海トラフ地震は今後三〇年以内に、いつ起きるかわからないと言われています。

カバー工法により建物の総重量が増えることは、地震の際の建物への被害のリスクを高めることに繋がるということに気づいている業者は、どれくらいいるでしょうか。

軽い屋根材を売りたい、葺き替えの契約がほしい時は「耐震上、屋根を軽くしましょう」と言い、カバー工法を売りたい時は「メンテナンスが不要なカバー材をかぶせましょう」と同じ口で言う業者が大半なのです。軽くしたいのか、重くしたいのか、一体どっちなのでしょうか。


何かを売ったり勧める時、表面的なメリット・デメリットだけを言う業者がほとんどですが、近年ではその目先のメリット・デメリットですら正しくわかっておらず、間違っている業者が大半です。

時々「リフォームなんて、どこの業者に頼んでも一緒」と言う方がいますが、**どのような業者に頼むか、ということほど住宅の寿命を左右することはない**のです。

◆屋根カバー工法◆

屋根の場合、劣化や不良工事は雨漏りに直結するため、止むを得ずカバー工法にするという選択は、外壁よりは多くなります。

例えば、スレート屋根の住宅に多いのですが、塗装が不可能なほど屋根材が劣化しているのに、**屋根勾配が小さいために、良い屋根材に葺き替えることができない**（スレート材は欠陥建材のため、傷んだからといって新しいスレートに葺き替えても、遠からず同じように劣化するのは目に見えている）、と言うように、構造そのものが雨漏りを避けられないケースがあります。

そのような場合、屋根勾配など住宅の構造体を変えるということは、現実的な工事ではないため、雨漏りを解消するためには**止むを得ずカバー工法を選択するしかない**というケースが時々あるのです。

但しあくまでも、止むを得ずの選択であり、雨漏りを防ぐ手立てが他にない場合に限ります。

しかし雨漏りは防げても、比熱の低いカバー材は内部結露が激しいため、既存の屋根とカバー材の間は常時湿気て、屋根下地などの構造を含む屋根材全体にダメージを与える可能性が高くなり、**それを防ぐための通気を最大限確保したうえで二四時間強制換気システムを設置する必要性**など、注意点が多いうえ、その後のメンテナンス方法などに課題が残る工法です。

カバー工法を選択するかどうかは、雨漏りの程度にもよりますが、残念ながらカバー工法を施工するしかないケースでは、その施工では根本的な解決とは言えないことを、施主に丁寧に説明して十分理解してもらったうえで施工する必要があります。（本章P87『スレートの雨漏りは消極的な対処法しかない』参照）

このような工法であるにも関わらず、大手ハウスメーカーも一般のリフォーム業者も、「雨漏りしているので、カバー工法をしましょう」と安易にカバー工法を勧めており、驚きを禁じ得ません。

更に「今後の雨漏りの予防のために」などと言って、雨漏りもしていない住宅に屋根カバー工法を勧める、とんでもないリフォーム業者も珍しくないので、十分注意してほしいと思います。

◆外壁カバー工法◆

屋根のカバー工法と違って外壁の場合は、カバー工法を選択せざるを得ないケースは、非常に稀です。私は五〇年間様々な住宅を数えきれないほど見てきましたが、外壁の傷みでカバー工法をせざるを得ないケースは、これまでに一件か二件程度でした。

冒頭のご相談のように**カバー工法を「メンテナンスの方法の一つ」として提示してくる**

ようないい加減な業者には、**どのような工事であっても、大事な住宅の工事を任せてほしくないと思います。**

施工が簡便であり、高額であるが売りやすく、利益がでるためにカバー工法を勧める会社は現在、多くあります。技術がなくても売り上げに貢献できるため、リフォーム業者がこぞってやりたがるのです。

全国大手の経営コンサルタント会社でも、売り上げＵＰの方法としてリフォーム事業の経営者向けの講習会などで、カバー工法を売るようにと言っています（「いくら売れるからといって、住宅を傷めるような工法をコンサルタントで提案するのはどうなのか」と当社が抗議したところ、一時、講習会の内容から削除されていました。しかし、その後また大々的にやっているという状態です）。

◆二重、三重に施工するカバー工法◆

以前はモルタル壁の住宅の方が多かったため、モルタル壁にサイディングを上張りするカバー工法が主流でした。**せっかくモルタルで建てられている家に、**建材として欠陥だらけのサイディングを上張りするなど、ちょっと信じがたい施工なのですが、消費者はもとより多くの業者は、何の疑問も抱いていません。

最近では、サイディングを使った住宅の増加に伴い、**サイディング壁の上から、更にサイディングなどのカバー材を張る**というとんでもないケースも増えています。サイディングが、そもそも言われているように良い建材であれば、長持ちするはずであり、劣化を隠すためにすっぽりカバーするような事態は起きないはずです。

新築で建てた家のサイディング壁が、劣化してメンテナンスが必要となったというのに、また新たにサイディングでカバーすることに、一体何を期待しているのだろうか？　と甚だ疑問に感じざるを得ません。

更に驚くことに、**それを繰り返して二重、三重にカバー工法をしているお宅もある**のです。それが劣化したらその次は、どうするつもりなのでしょうか？

勧める方も勧める方ですが、それを選択した消費者も、一体どのような考えでこの契約をして、決して安くない代金を支払うのだろうかと、心底不思議でなりません。

◆なぜ、多くの業者はカバー工法を勧めるのか◆

カバー工法が売りやすい・施工が簡便であるということ以外にも、業者がカバー工法をしたがる理由があります。それは、その業者が**根本的な問題点を見つけることができないうえに、改善の方法すら知らないから**に他なりません。

もし仮に全ての業者が、住宅の保全に必要な知識と経験、根本的な問題を解決する能力や技術を保持していたなら、カバー工法はこれほど巷に出回っていないはずであると確信しています。

住宅建築や住宅リフォームのプロでもなんでもない、もともとはガス漏れ警報器の販売業だったA社が、リフォーム業に参入して売り始めたカバー工法を、今や日本中の大手ハウスメーカーから工務店までもが売っているという現状は、この業界のレベルの低さを如実に表していると言えます。

大小に関わらず、住宅業界に携わる業者は素人程度の知識しかなく、そのうえ検証する姿勢すら持たないために、安易に臭いものに蓋をするような施工に飛びつくのです。上から何かをかぶせて見た目をきれいにしよう、劣化を見えなくしよう、という**根本的な問題の解決から最も遠い、貧弱な発想**になるのです。

カバー工法は建物にとっては、一つもメリットがなく、デメリットばかりの工法と言い切っても過言ではありません。

カバー工法をしている住宅、中でも特に、**建材としてサイディングよりも圧倒的に優れているモルタル壁の上に、新建材を張り付けるカバー工法をしているお宅**を見ると、心底残念でなりません。

講座などでこういったお話をすると、「知らなかったから、もうカバー工法をしてしまった。うちの**カバー材を剝がして元に戻してほしい**」とおっしゃるお客様が時々います。しかし、一度カバー工法をした場合、下の**モルタル壁は穴だらけ**となっており、残念ながら剝がして補修でどうにかなるレベルではありません。

建材としてよほど優れたモルタル壁を、単に台無しにして、劣った建材を上から張りつけて、その欠点を増やしているという状況なのですが、モルタル壁の原状回復は、ほぼ不可能なのです（※可能ではあるが、手間も費用も工事期間もかなりかかるのに、穴を開ける前の状態には戻らない）。

モルタル壁にサイディングを上張りした場合、モルタルとサイディングの間には、やはり内部結露が生じてしまいます。比熱の低いガルバリウム鋼鈑でも同じことが起きます。内部結露は建物を傷めるだけでなく、**シロアリを呼び寄せる**こともあります。

例えば、**金属製サイディングを張っているお宅に限って、シロアリ被害に遭われているケースが多い**ことを、当社は実感として持っていますし、そのことに気づいているシロアリ駆除業者も少なからずいるようです。（第四章Ｐ２１６『シロアリ』参照）

金属だとシロアリに強そう、というようなイメージがあるので、意外だと思われるでしょう。やはりそれも、金属製サイディングは内部結露が生じやすいことが、大きな原因だと考えられます。常時湿気た状態な上に保温されてしまうため、シロアリを寄せ付けてしまうのです。金属サイディングでも、張る際にはやっぱり内部に木材を使いますから、そこがやられてしまいます。

極端な例ですと、シロアリの多い地域で、金属サイディングを使用している住宅が軒並みシロアリ被害に遭っており、木造住宅は無事だったというようなことも実際にありました。シロアリについては、第四章で詳しく説明します。

◆モルタル壁◆

この項からは、モルタルについて詳しく説明していきます。

モルタルとは、どのような建材かというと、砂（細骨材）とセメントと水とを練り混ぜて作る建築材料で、ペースト状で施工性が良いのですが施工期間が長く、熟練した職人が必要となります。

モルタル壁は、様々な形状にも対応できるという利点があり、丸みのあるアーチや、曲線を使ったデザインの住宅などの外装にも対応できます。


モルタルとサイディングは、よく同列に並べられて外壁材として比較されていますが、外壁の仕上材であるサイディング材に対して、モルタルは厳密には仕上材とはいえません。本来はいわゆる「塗り壁」のベース材であり、手順としては構造材の上にラス板があり、その上にモルタルが塗られ、最終仕上げとして漆喰や塗料などの仕上材を塗布されます。

新築時、その仕上材が塗料の場合は、モルタル用の塗料が何十種類もあるにも関わらず、なぜかリシン、スキン、アクリル吹き付けタイルの、モルタルに適しているとは言えない三種類を塗布されることがほとんどです。

実は**モルタルは、建材そのものの完成度が高いために、新築時の仕上げに適当なものを塗られてしまう**のです。また、これらの塗料が最も安価であり、公共工事の塗材に指定されているという理由のために、一般の業者も何も考えずに右にならえで採用しているという現状です。

しかし、これらの塗料はモルタル壁に全く適しておらず、ヒビ割れが生じてしまうということがあるため「モルタルは良くない建材だ」と誤った認識が広がってしまいました。

実際には、新築時の仕上げの塗料さえ間違わなければ、半永久的にもつ外壁でもあり、欠点はほぼないと言ってもよいくらいです。また、たとえヒビ割れや破損があっても、新建材と違って補修などのメンテナンスがしやすい建材なのです。

一方、サイディングは破損やヒビ割れの補修が難しく、発売当初メンテナンス不要と言われていたにも関わらず劣化が著しく、現在一般的には一〇年おきの塗装が必要だと言われています。

そのため、メンテナンスの費用もモルタルとは比べものにならないほど高くなります。

一〇年おきに塗装が必要ということは、実際には新築から八年程度経過している時点で、既にかなり劣化していることになります。

当社では、最大限の工夫をしてサイディングに適した塗料と工法を使い、一五年～二〇年以上もつように塗装することが可能ですが、それでもモルタルには遠く及びません。

◆モルタル壁の特徴◆

モルタル壁には、サイディングのような建材としての致命的な欠陥がありません。モルタルは比熱（P96の注釈参照）が高いので、サイディングやガルバリウム鋼鈑などの新建材より温度変化しにくいという利点があります。

外壁が高温になれば当然、室内も暑くなりますが、モルタルの住宅ではそうなりにくいのです。新建材の住宅に比べて、モルタル壁は蓄熱したり、結露するということが少ないため、はるかに居住性が優れているといえます。内部結露が発生しにくいということは、その分構造体へのダメージも新建材よりも圧倒的に少なく済みます。

また、サイディング壁に必ず存在する目地が、モルタル壁にはありません。これは住宅を守る外装材としては、とても重要なことです。目地の有る無しは、雨水の浸入などに直結するからです。

しかし、作業員であれば施工できるサイディングとは違って、モルタルを施工するのには、それなりに熟練した左官職人が必要となります。

◆「誰でも」「簡単に」できるものに、業者が飛びつく現代の風潮◆

作業員でもサイディングやガルバリウム鋼鈑が外壁の住宅は作れるが、職人でないとモルタルが外壁の住宅は作れない。これが、近年の住宅でサイディング壁を筆頭に、新建材が主流になっている主な原因の一つともいえます。

良い住宅を建てるには、掛けなければならない手間が必ずあります。大工や職人による手間の掛かった技は、誰でも簡単にできるわけではありません。技術を習得するための時間も、良い師からの教えも必要です。

しかし、効率重視の消費増大の現代社会では、効率とスピード、生産性が求められ、誰でも簡単に早くできるものが、もてはやされてきました。

その結果、左官職人が手間を掛けて仕上げていく塗り壁は嫌われ、誰でも施工できるサイディングなどの部品を組み立てて作られるプレハブ工法の住宅が、従来の木造住宅にとって代わって主流となったのです。

仮に、プレハブ工法の住宅の方が、従来の木造住宅よりも優れていれば、それに取って代わられるのは当然のことです。しかし、実際にはあらゆる面で、木造住宅の方が優れていると言わざるを得ません。

プレハブ工法の住宅の方が優れているのは、企業が大きな利益を上げることができるという点と、デザインが多様である、という二点くらいでしょう。しかし、そのデザインの多様性は、日本の気候の特徴を無視したもので、それによる弊害は住宅の寿命を縮めることに直結しています。

企業の利益を優先する代わりに、多くの大切なものが失われました。伝統的な木造住宅、またそれを技術の面で支えてきた大工や左官職人も、今や絶滅の危機に瀕していると言えます。

◆カバー工法はメンテナンスができない業者のために生まれた◆

先述したように、業者側、特に新築を建てる際のハウスメーカーにしてみると、サイディングなどの新建材は職人でなくとも施工できるので人件費が浮き、また材料自体が安価なので更に安くつきます。

サイディングは、表面にモルタルには出せない風合いを出すことができます。表面を石調やタイル調にするなど、バラエティーに富んだデザインにすることで消費者に好まれ、売りやすいのです。

そこで、もともと原価が安い粗末な建材の意匠性を上げて、あたかも高級品のように仕立てて、大きな利益を生むことに成功したわけです。原価が下がったのに、販売価格は下げなかったので、サイディングは企業にとって大変利益を生む建材となりました。

建材に限らず、**良いモノは大抵手入れの方法が確立しており、きちんと手入れすることで長持ちする**という特徴があります。建材でも、それは例外ではありません。

売るために〝メンテナンス不要〟とまで謳い文句にされたサイディングですが、実際はメンテナンスすることもできないような安価な建材なのです。

比熱が低く、外壁材として適していない安物の新建材を使ったから当然のことですが、メーカーとしては想定外に（私としては想定内）早く劣化したうえ、**メンテナンス不要どころかメンテナンス不可能**でした。そこで苦し紛れに思いついたのが、更に上からカバーするというものでした。

モルタルの正しい施工法やメンテナンス方法もわからず、間違った仕上げで劣化させる。

売れるからと安易にサイディングやガルバリウム鋼鈑を使う。
そのどちらもメンテナンスを放棄してカバーする。
カバー工法とは、現代のいい加減な業界を象徴したような工法なのです。

◆衣食住ならぬ「医食住」に必要不可欠なのはモラル◆

良いモノではなく、利益を生むモノを企業は採用するというのが、資本主義社会・消費経済社会での大きな潮流となっています。

しかし、医療と食と住だけは、それをしてはならないと、私は常々言っています。それら医食住は、利益を生むかどうかより、良いモノで、なおかつ手に入りやすくなければなりません。国家はそのための枠組みであり、政府や行政はそのために存在しているといっても過言ではありません。そして、消費者には常にそれを厳しい目で監視する姿勢が必要です。もちろん医食住のみならず、教育や福祉でも同じことが言えます。

高度経済成長期には、多くの企業のみならず、国を挙げて国民の基本的な生命と健康の安全を守るというルールやモラルをかなぐり捨てて、各々の利益が追求されました。使い捨ての風潮は、スクラップ&ビルドなど建設業界にまで蔓延し、公害、健康被害、企業モラルの低下など、この時代が遺した負の遺産は、バブルが弾けて久しい現在でも至る所に今なおあります。

また、昨今では政策の失敗による長引く不景気が続いています。教育や医療、果ては水道など生命に直結する公共サービスにまで、利益・効率重視の波が押し寄せています。それらはコロナ禍での医療崩壊を招いた要因の一つではないかと言われていますが、庶民への影響はそれだけにとどまらないことでしょう。

しかし、私が何よりも不思議に思うのは、消費者自身が政府や大企業のそういった消費者無視の振る舞いを許容している風潮があることです。**政府や大企業の代弁者のような一般市民**が増えていることは、近年のネット社会がもたらした大きな弊害といえます。

サイディングのようなお粗末な建材が、新築住宅の主流となり、カバー工法のようないい加減なものが売れているという住宅業界の現実は、消費者不在の世界に見えます。大手ハウスメーカーが、儲かるための売りたい住宅を売る、それを国が税金を使って後押しする、小さな会社はそれに追随する、またはおこぼれをもらう……というのが、日本の住宅業界でのよくある構図となっています。「良いモノを次世代に遺す」というタテマエの政策や取り組みは、一見あるように見えますが、実態は程遠いのが現在の住宅業界の姿なのです。

◆消費者が問題意識を持つ社会に◆

問題点というのは、問題意識を持ち、何を見るべきかをわかっていないことには、見つけることはできません。住宅の問題点も、商品を売りたいだけの業者によれば「何の問題もない」となります。

しかし、本当のプロが見た場合には、「この住宅の問題は、こういうところだ」となり、全く答えが変わってくるのです。プロの経験と視点がなくとも、消費者が問題意識を持つことは可能です。問題意識を持つ消費者が増えることにより、業者は襟を正さなくてはならなくなるのです。

いつの時代でも、どの業界でも、**いい加減な業者**はたくさんいます。**悪意はないが、技術もない業者**ともなれば、ほとんどの業者が、これにあてはまってしまうわけです。

大変心配なのが、昨今ではモノを考える消費者は減っているように感じることです。先述した、カバー工法でクレームを大量に生み出したのちに倒産したA社の商品を、また、別の誰かが売る。大手が似たようなものを売る。**消費者は何度でも何度でも、同じものに騙され続けています。**

「賢い消費者」という言葉が、色々なところで使われておりよく耳にしますが、物知りになって、色々なお得なことをたくさん知ることが、賢い消費者であるとは、私は思いません。ずっと言い続けていることですが、疑問を持つ、自分で考える、それに尽きると思います。

疑問を持たず、自分で考えず、ネット情報や誰かエライ人や、名ばかりの専門家などに、安易に委ねる消費者は、失敗が学びになりません。本当の意味で賢い消費者は、自分が失敗せずとも、他人の失敗で学ぶことができますし、失敗する前に思考し、想像力を働かせて回避することもできます。

現代は、あらゆる情報が溢れており、それが簡単に手に入る時代ですが、嘘、いい加減な事柄、勘違いが、まるで真実のように書かれて、消費者を迷わせる厄介な時代でもあります。

このような時代では**消費者ひとりひとりが、しっかりとモノを考えることが、一層求められている**といえます。消費者の意識の底上げが、まともな業界を作っていくことになり、建築業界に限らず社会全体が健全になっていく一歩に繋がるのではないでしょうか。

■第三章　思考停止社会が生み出す弊害

◆塗装業界の現状◆

Q　家の塗装の見積もりを二社から取りました。二社とも塗料のランク表、一覧表などを見せられて説明を受けましたが、それぞれの言うことが全く違ううえ、塗料や工法の説明の意味がよくわからず、決めかねています。一社目からは塗料のランクの説明をされてフッ素の塗料を勧められました。二社目からは、無機塗料を勧められました。どちらを選んだらよいのでしょうか。

年間を通して、住宅の塗装についてのご質問やご相談をたくさんいただくのですが、当社が工事することのできない県外の方からのご相談も多くいただいています。

「他社で見積もりを取ったが、説明の意味がわからない」

「会社によって、言うことが全然違う」

「契約をしたが、適切な施工をしてもらえるのか不安である」

などというご相談が主なものです。

工事前のご相談ならよいのですが、「他社で塗装工事をしたが、不良工事だった」と言う**工事後のご相談**というものも、県内外問わず、非常に多くいただきます。言うまでもないことですが、一度塗装してしまえば、元の状態に戻すことはできませんし、無駄なお金もかかりますから、失敗のない正しい施工をしてほしいと、心底願っています。

塗装工事というのは、業者によって見積金額が驚くほど違います。法外に高い金額を提示するのは、大手ハウスメーカーと大手訪問販売業者に多いという傾向があります。逆に、これでまともな施工ができるわけがないというような、とんでもなく安い金額を提示する業者もいます。

中には、「この近隣に施工実績がないので、施工実績がほしい。材料費のみの負担で構わないから、無料で施工させてください！」などと言って契約を取る業者もいます。どこの業者も長引く不況と、それに追い打ちをかけたコロナ禍やロシア・ウクライナ戦争による資材費の値上がりで、生き残りに必死なのでしょうが、安さに飛びついてよくわからない業者に、メンテナンスどころか、大切な住宅を台無しにされるという事例は、コロナ禍以前から全く珍しいことではありません。素人同然の業者を屋根に上がらせるなど、住宅の施主にとってどれだけリスクが大きいか、知ってほしいと思います。

他社の見積もりを見せてもらうと、工事内容は業者によって本当に様々なのですが、恐ろしいことに、正しい施工内容を提示している業者を、私はこれまで見たことがありません。**業界のモラルの低さと、塗装に対する知識の欠如**が、見積書に非常によく表れているのではないかと感じます。

本来であれば、その住宅に**使用している建材、劣化の状況、立地の条件**などから**自ずと塗装方法と使う塗料は決まってくるのが、塗装工事**というものです。一軒の住宅に対して、たとえ色々な会社が見積もったとしても、最適なメンテナンスの施工の選択肢は多くはありません。

施工内容が決まれば、工事金額を積算できるので、金額や施工内容には、それほど大きな差は生まれないはずです。しかし、現実には、同じやり方は二つとないといっていいほど、各社とも塗装のセオリーや建材の特色や欠点などを、まるで無視した見積もりで、金額はピンキリとなっており、本当に驚かされます。

これでは、お客様がどこを信用したらよいのかわからず、迷うのも無理はありません。**正解がないでたらめな選択肢の中から、ありもしない正解を探せと、**言**われているような**ものなのですから。

塗装に限らず、新築・リフォームなど住宅業界のモラルや知識の低さについて、これまでもたびたび色々なところでお話ししています。

その中でも、モラルや知識の欠如が最も顕著でわかりやすいのが、塗装業界であるといえます。

◆建材の変化による塗装の必要性◆

昔の日本の建築で塗料を塗るのは、主に神社仏閣に限られており、一般住宅に塗装工事は必要ありませんでした。以前の一般住宅の塗り壁は、劣化した場合に補修・修繕する前提の建材であり、左官職人がそれを担っていました。

四季があって年間の寒暖差と湿度の差があり、降雨が多い日本において、調湿作用の高い漆喰壁、土壁、または木の壁の住宅は、住む人間にとっての健康面や居住性の高さはもちろん、**メンテナンスも容易**で住宅の寿命という観点やコストパフォーマンスの面からも、非常に優れた建材だったのです。

それが近年、新築住宅が変化したことにより、「塗装で保護しなければ、劣化が著しく、(また塗装したとしても)雨漏りするに決まっている」住宅が主流となってきました。そのため、塗装による**屋根材や外壁材の保護を、定期的にしなくてはならない**のが当たり前のようになってしまいました。

これは**塗り壁に施すような、建材の性能を活かし維持するためのメンテナンスとは根本的に異なり、劣化とのイタチごっこのメンテナンス**に過ぎません。

また、日本とは全く気候の違う海外で使われている建材を、日本で使用するようになり、そのことも問題を、より複雑かつ多様化させました。海外では全く塗装の必要のない建材が、高温・多雨多湿の日本では、(業者にとっては)想定外の劣化に見舞われ始めたからです。

想定外といっても、少し考えれば容易に想定できることばかりです。しかし、業界全体が思考停止しているため、このようなことが日本中で起きてしまいました。

更に、いわゆる「新建材」が、日本の住宅に使われるようになり、日本人がこれまでに経験したことのない種類の劣化と、これまでに経験したことのないスピードの劣化に見舞われるという問題を抱えました。

しかし、問題というものは、問題意識を持った者にしか気づくことはできません。**大きな問題を抱えていることに、業界全体が全く気づいていない、という致命的な状態が何十年も続いている**のです。

日本では、多雨多湿であるのに気候に合わない住宅が増加しているという大変特殊な状況にあるためか、様々な建材の劣化に対応するべく、たくさんの塗料が日々、塗料メーカーによって開発されています。

本来、日本の気候に合った建材を使用していれば、塗装しなくても済んだはずなのに、塗装しなくてはならない建材を使っているため、日本人の多くは塗料まみれの住宅に住む羽目になっているのです（当社では、新築住宅を建てる際は塗装しなくてもよい、陶器瓦と塗り壁の住宅を建てています）。

仮に、いくら正しい塗装で保護したとしても、太陽から降り注ぐ紫外線や、年間通して降る雨、豪雨や台風など、自然の脅威の前には、建材を守る万能な塗料など存在しえません。太陽が生む熱、それによる空気の膨張や冷えによる結露、そして結露による湿気や凍結と融解、これら自然の通常の営みは、災害などでなくても日常の中で硬いサイディング材さえも反らせます。

自然の脅威の前では非力だとしても、それでも少しでも劣化を食い止めるべく塗装しないわけにはいかないのは、**劣化の著しい建材ばかりが、新築住宅に使われている**現状があるからです。

しかし、現場に携わる人たちが、**塗装の必要性と、仕組み**をどれほど理解しているかというと、残念ながらごく基本的なことですら全く理解しておらず、それどころか「誰でもやれるから」というような理由で、安易に塗装工事に携わっているものがほとんどなのです。誤解を恐れず言及するなら、中卒で社会に出ようとした時に就ける職業は限られており、一五歳の少年が雇ってもらえるのは、鳶職人と塗装職人のような危険できつい仕事しか選べないという現実があります。

正しい塗装が求められている現状であるのに、住宅業界の中では、住宅の最後の砦ともいうべき、最終の仕上げになる塗装工事は、これまでも大変おざなりにされてきたのです。

そのような現状の中で、正しい塗装工事によるメンテナンスをされている住宅は、残念ながらほとんどありません。**間違った塗装工事しかされていない住宅がほとんどである**という日本の現状を、我々プロはもっと重く受け止めなくてはなりません。

◆塗料の役割◆

塗料は、建材の劣化を一〇〇％食い止めるわけではありません。塗膜も劣化していき、次第に建材の保護の役目ができなくなってきます。そのため、ある程度の年月を経過したら再塗装の必要がでてきます。

そもそも、塗装の目的は、美観のためと、建材の保護のためです。建材の劣化を少しでも遅らせるために塗装するのですが、それが頻繁に必要であれば、大変なコストがかかりますから、なるべく塗膜が長く持ち、建材を守れるように塗装する必要があります。逆にいえば、それが正しく行えなければ、建材自体の劣化を防ぐことができません。また、誤った塗装工事を施工した場合、その**工事そのものが建材を傷める原因になること**もあります。

数百、いえ数千を超える住宅用塗料の中から、どれを選ぶのが正解か、下塗りの回数、下塗りと上塗りの組み合わせ、下地処理をどのようにするかなどを考えるのが、我々プロの仕事なのですが、それができている業者は非常に少ないのが現実です。

塗料メーカーがいくら新しい塗料を開発したり、改良したとしても、塗装の必要性や意味を理解している塗装業者がいない限り、全く意味がありません。なぜなら実際に**現場で塗料を選び、住宅に塗装しているのは、開発者やメーカーではなく、塗装業者**だからです。しかし、塗装業というのは底辺の労働としてカテゴライズされており、決して高学歴の人間が塗装業者になることはありません。

もちろん、学歴が高ければ正しい塗装ができるというわけでは決してありません。しかし、塗料の**仕様書**を読んだこともない、読んでも意味がわからないという塗装業者が大半で、大半の業者は、この建材には何が塗れるのか？　と疑問に思った時には塗料問屋、単なる塗料を売ることを専門にした業者に訊ねて、それを検証することなく頭から信じるのです。

私は塗料問屋の「この建材には、これを塗ったらいいですよ」と言う話は全く信用しません。彼らは塗料をメーカーから仕入れて塗装業者にたくさん卸すのが仕事です。現場で実際に施工する塗装業者以上に、塗料と建材についての知識が高いとは思えないからです。在庫を抱えている塗料をさばきたいという理由から、塗料を勧めることもあるかもしれないのです。

しかし、巷の塗装業者は、**塗料のことは塗料問屋に聞くというのが常識**となっており、自分で塗料の特徴や弱点などを調べようともしないのです。

◆プロの役割◆

塗料の世界は化学分野であり、塗料メーカーは日々、様々な塗料を開発しています。どうすればきちんと付着が持続するか、膨れや剝離が起こるメカニズムなどを研究し、美しく長持ちしつつ塗られた対象物の状態を保護・維持するような塗料が研究開発されています。

塗る前には、どのような下地処理が必要か、どのような条件で塗装するのがよいか、どのような下塗材をどのくらい塗布したらよいか。また、人体への影響はあるかないか、あるとしたらどの程度かなどなど……。そのように研究してでき上がった塗料の能力が、きちんと発揮されるために、どういった条件を守って塗布されるべきかなどが細かく記述されているのが、**仕様書**というものです。仕様書には、作業者への注意喚起なども記載されています。

しかし、それもしょせん研究室の中のことです。**それらの知識を元にした、現場の経験に勝るものはありません**。そういった意味で、塗料問屋以上に、というのはもちろん、どうかすれば開発者以上に、我々塗装業者は塗料・塗装のプロになることができるし、そうでなければ、お客様の住宅にひと刷毛すら塗ることはできません。

塗料製品は、各メーカーで膨大な数が開発されております。例えば、シリコン系塗料はたった一社でさえも、数百種類以上あります。種類は様々にあり、値段もピンキリで、物によっては倍くらいする価格の製品もあります。

また、**シリコン系塗料**とひとくちに言っても、目的や用途や使い方などが様々あるわけです。「これは使いたくないな」と言うものもあれば、「これは使えるな」と思うものもあるわけです。

様々な何千種類もある塗料の中から、その住宅の建材の種類、更に劣化の状況、以前の塗装で使用されている塗料……などを総合的に見て、下塗り材と上塗り材を選択する。それは化学的な塗料の知識を持ち、実際に経験を積んでいる我々プロの仕事であると考えています。

私たちは新しい塗料が出るたびに、メーカーまで行って、直接質問をしたりするのです。メーカーの営業マンや塗料問屋の説明を鵜呑みにはせず、塗料の仕様書を見ながら、開発者や技術者に質問したりして、できる限り調べて検証するという作業をします。こういったことを、お客様ができるわけがありません。

そのため膨大な塗料の中から、お客様の住宅に合った塗料を我々が代わりに選択する、というのは我々プロがやるべき仕事だと思っています。プロであり専門家であるから、塗料の決定ができる、この塗料がいいと勧められる、何の根拠も知識や経験もなしには、できないことなのです。

◆ランク別見積もり◆

いい加減な業者の作る見積書は、やはりいい加減なもので、我々が見るとすぐに、その業者のレベルがわかります。塗装のことを全くわかっていないということが、見積書を見た瞬間にわかるのです。しかし、一般の方はそうはいかないでしょう。そこで、どのような観点で業者を見極めたら良いかという話を、色々なところでさせていただいています。

ここで、塗装についての知識が欠如している業者が、よく使う**ランク別見積もり**についてご紹介したいと思います。このご質問者様が見積もりを取られた二社は、どちらもこのランク別見積もりを提示しているようです。

塗料のランク別見積もり、というのは大変多い営業手法で、業者向けのセミナーで紹介されたり、コンサルタント会社が勧めたりしており、「**売れやすい営業手法**」と言われています。どこかの業者に塗装の見積もりを依頼して、**塗料のランク別に金額の違う見積書を持ってこられたら、その業者はアウト**だと思って間違いないです。ランク別にしろ、商品名を羅列しているにしろ、複数の見積書を提示して、その中からお客様に選ばせる業者は、おかしいと思ってください。

ランク別見積もりとは、どういうものかというと、業者が勝手に塗料のランクを決めてしまい、一番安いものがアクリル系塗料、二番目をウレタン系塗料、三番目にシリコン、四番目にフッ素入り塗料、五番目に無機塗料や光触媒など（どうかしたら、最下位に合成樹脂がきたりする）と複数の塗料を並べて、この塗料を使うといくら……というように価格で差をつけて提示する見積書のことです。

この中から、三種類くらいの見積もりをお客様に提示して選ばせるという手法が採られることが多いようです。結果、**お客様の懐具合やお客様の判断で、使う塗料が変わってくることになり、これは塗装のプロから言わせてもらうと、とんでもないこと**です。

塗料に順位、ランクをつけていること自体がおかしいのです。塗料の名前を見てわかるように、工法であったり、化合物名や元素名であったりと、次元の違うものを同列に並べていることに疑問を感じる方も多いと思います。

例えば、フッ素は元素であり、光触媒は化学変化の形態であり、全く次元が違うのですが、これらを同列に並べて、ましてや、そこに上下のランクをつけているというのが、我々プロからすると、大変理解し難いのです。

それを多くの業者の塗装見積書では、「シリコン塗料は、塗料のランクの中で何番目です」となどと言い切ってアクリル、ウレタン系などと同列に並べて記述しているのです。更にランクが上とか下とかいうようにジャッジされているのが、私から見ると全く意味不明なのです。

こういった見積書が巷で出回っているうえに、まかり通っているというのですから、本当に残念なことです。

それらを提示して素人であるお客様に、「さぁお選びください」と選択させるのは、大変乱暴な営業方法であるといってもよいと思います。

この塗料のランク別見積もりというのは、一見お客様に選択肢があり、親切なように見えます（だからこそ、売れやすいのでしょう）。

しかし、塗装に使用する塗料とは、**どの建材に塗るか**、によって決まります。適材適所で、この建材には、この塗料がベスト……と自ずと決まってくるものです。ランクが上も下もありません。

塗料と塗装方法というのは、**建物に使われている材料や建物の状態、以前行われたメンテナンスなど**によって慎重に選定して決定しなければならないのです。

それは、プロが現地調査をした結果、初めて決めることができるものであり、お客様に選ばせるというのは、プロの責任を放棄した行為といえます。

そのために、我々がわざわざ現地に出向いて調査を行うわけです。建材は何が使われているか、サイディングであれば、どういった種類のサイディングか、劣化はどのような状態か、軒の裏はどうなっているか、付け梁にはどんな材料が使われているか、またこの土地の環境は、建物にどのような影響を与えているかを、実際に現地に足を運んで調査しなければなりません。

北面のカビの生え具合、家の周りを歩いた時の土の感触などから、湿気、風通し、水はけの良し悪しを感じとります。

使われている建材を知るだけでは、建てられた当時のことを知ることしかできません。現状を見るのは、**これまでにどのような劣化を辿ったか**を知り、更に今回塗装した後に、**どのように劣化していくかを予測する**ことになります。その予測をもって、それを食い止める最善の方法を考えるわけです。同じメーカーが同じ年代に建てた住宅がどうなったかという知識もたくさんデータとして蓄積しているので、それらは予測の助けになります。

その情報なしに、塗料や塗装方法が決まることはあり得ません。**今後起きるであろう劣化を、いかに食い止めて、いかに住宅を長持ちさせるかという観点を持っていなければ、塗装工事は、ただのお化粧か化粧以下でしかありません。**

一般の方と我々プロの一番大きな違いとは、**それを精査し、適した塗料と正しい塗装方法を決定することができるかどうか**です。それを決めるために、我々プロが存在しています。

逆に言うと、**それを決めることすらできない、何がその住宅にとって最適な塗料なのか**

を判断することすらできない業者が、このようなランク別見積もりを使いがちであると言い換えられるでしょう。

◆万能塗料に要注意◆

使用する塗料によって、値段がかなり大きく変動するピンキリの見積書を提示する業者が多いのですが、塗料によって値段が四割も五割も上がるというのは、おかしな話です。何を塗るにしろ、足場代と手間は一緒なのですから（金粉を塗るわけでもない限り）。

「**何にでも塗れる塗料**」や「**下塗りなしで塗れる塗料**」「**これさえ塗れば、大丈夫な耐久塗料**」「**超耐久性塗料**」などの特別な塗料を使うことを売りにしている業者も、全く信用ができません。

「**何にでも塗れる塗料**」というのは、何にでも付着するという意味でしょうが、逆に、何にでも、ある程度しか付着しない・くっつかないという裏返しになります。何にでも効く薬は、何に対しても、それほど効果がないのと同じです。害がなければ、よいくらいです。

しかし塗装の場合は、害があることの方が多いのです。塗らないより、塗った方がよいかと思ってしまいがちですが、塗っても意味がないどころか、**塗ったことが害になるケースが多い**のが、こういった万能塗料です。私が知る限り、万能な塗料は、現時点ではまだ存在しませんし、昨今、建材がより一層多様化して、その大半が建材として質が落ちているることを鑑みれば、万能な塗料の誕生が実現することは今後もないと言い切ってよいでしょう。

「**下塗りなしで塗れる塗料**」も、選択肢としてあり得ません。モノによっては直接上塗りをすることのできる対象物がありますが、下塗りが必要な対象物が大半です。このような塗料の場合、対象物に下塗りが必要か否かではなく、下塗りが必要な対象物に対して、この塗料を使えば、下塗りを省くことができる、というものであり、絶対に使いたくないシロモノです。

手間を省けば、原価は下がります。安ければずさんな工事でもよい、というのであれば話は別ですが、結果的に**施工しなかった方がよかったという状態になることの方が多い典型的な失敗のケース**です。

下塗りの役割には色々ありますが、最も重要なのは「接着」の役割を果たすことです。

建材と上塗材の間にどれだけ下塗材の層を作るかで、塗膜のもちが変わります。メイクでも下地が大切ですが、その仕組みと基本的に一緒です。

層は薄くてはダメですが、厚ければよいというものでもありません。上塗り材を安定して付着させるための最適な厚みが求められます。それは建材の劣化状況によって異なるため、現場ごとの判断が必要になります。下塗りが必要な対象物に対しては「下塗りなしで塗れる塗料」など、一考の余地もありません。

また、「**これさえ塗れば、三〇年塗装しなくていい耐久塗料**」と言うような、割高な塗料を宣伝している塗装業者にも要注意です。価格競争をする業者が多い中、大手ハウスメーカーは、あえて割高な価格を提示して「高いから安心なのでは？」という心理を誘います。それと似た効果で「**高いから良い塗料**なのかな」と思わせる手法です。ランク別見積もりで、一番高額な見積書を選ぶ方も、この心理が働いてこういった商品に引っかかりやすいようです。

「うちは、この塗料を使っています！」と割高な塗料を使用することを宣伝している業者ですが、数百、数千種類ある塗料のことを、きちんと調べてそれを選んだのだろうか、と疑問に感じてしまいます。多くの塗装業者は、塗料の仕様書を読むこともせず、塗料問屋の説明をそのままお客様に流すだけです。実際に見積書を見て説明を聞いても、不透明な説明に終始しており、使っている業者自身も、本当はよくわかっていないのだろうなと思います。

残念ながら、割高な金額には決して見合っていない工事であると言わざるを得ません。

これらのような塗料は、本当の塗装のプロは絶対に使いません。施工の中で決して省くことができないのが、「選ぶ手間」と「施工の手間」です。**効率良く施工して無駄を省くことと、掛けなければならない必要な手間を省くことは、全く違います**。そこを混同するような業者はプロとはいえないと思います。

◆オンライン現地調査◆

最近、リフォーム工事だけでなく、塗装工事においてもオンライン現地調査といって、現地に行かずオンラインで簡単に現地調査を済ませて、見積もりを作るというサービスが増えてきました。

実は、このサービスはコロナ禍の前からありましたが、コロナ禍の影響もあり最近かなり増えてきたようです。

業者側からすると、現地に行く時間・人件費・ガソリン代を浮かせられる、施主側からすると気を遣わずに済む、時間を節約できるということで、特に若い世代を中心にこういう「業者と会わずに済む」ような、〝**現地調査はオンライン、打ち合わせはメールで**〟というやり方を好む方が増えてきました。

しかし、住宅・リフォームの分野の場合は、オンラインによるメリットより、デメリットの方が確実に大きいので注意してほしいと思います。

実際に目で見て、家の周りを自分の足で歩き、手で地面や壁を触る、我々プロは五感で調査するからです（舌で舐めることは、さすがにしませんが）。

例えば当社では、現地調査に行く前に仮調査で建物の写真を撮ってくることがあります。それを事前にチェックしてから現地調査に行くのですが、写真ではわからなかった重要な事柄が、必ずといっていいほど、現地調査で発見されます。写真だけでは判断のつかない箇所がたくさんあり、そこを実際に目で見て確かめに行くことが現地調査の目的です。動画や写真だけで見積もりを行うことは、ハッキリ言って不可能です。

それができるという業者は、そもそも実際に現場へ行って調査をしたところで、一番大事な、目やその他の五感で調査しないとわからない所を、**普段から見ていない**可能性が非常に高いといえます。

これだけ通信網が発達した世の中ですから、現場からの報告や相談に、動画や写真を撮って送り合うことは、当社でももちろん業務の中で行っています。しかし、あくまで実際に見ることに勝るものはないという共通の認識のうえで、**補助的に状況を共有するためのツール**としての活用にとどめています。私の実感からすると、施工内容の決定に重要な情報を得ることができるのは、実際に出向く現地調査による発見が、調査全体の八割以上を占める、というのが正直な感想です。

もし、ご自宅の塗装工事で失敗したくないのであれば、業者選びが重要なのはもちろんですが、それ以前に「**業者に会わずに済む**」**やり方では、工事の成功はあり得ない**ということを知っておいてほしいと思います。よほどの奇跡的なラッキーでない限り、このようなやり方では塗装に限らず正しいリフォームは不可能です。ラッキーで済む可能性は、非常に低いと思ってほしいのです。これは、この章の後半でお伝えする〝ネットでの業者探し〟でも共通する事柄です。

◆思考停止せず自分の頭で考える◆

ランク別塗料の見積もりであろうが、超耐久性塗料などの見積もりであろうが、お客様ひとりひとりが疑問を持つこと、自分の頭で考えるということが大事であることは、これまでも様々なテーマでお伝えしてきました。

フッ素塗料を使うとか、無機塗料がいいなどと業者に言われたら、専門用語だ、難しそう、と思考停止せずに、「どういう意味ですか？」と率直に聞いてみてください。

塗料の名前はとても複雑で、商品名なのか分類名なのか、はたまた製法の名称なのか、実にいい加減で混在しています。聞いてみると案外、業者自身もよくわかっていなかったということは、本当によくある話です。塗料問屋や先輩に教わって、事前に準備している説明はできるけど、本当には理解していないため、答えを準備していない質問には、全く答えられないのです。そのため、しばしば「質問したけど、その答えが意味不明だった」と言うことが起こります。

わかっていないことを誤魔化すために、専門用語をやたらと使う業者もよくいます。

業者自身が、お客様に勧めている塗料の仕様書すら読んだことがない、意味すら答えられないといったことが、往々にしてまかり通っているのが塗装業界の現状なのです。
塗料問屋に言われた説明を、自分で検証することも疑問もなく、そのままお客様に垂れ流しているだけ、という業者がほとんどなのです。塗料問屋は塗料問屋で、塗料メーカーに言われたことを、そのまま伝えているだけで、その説明がそのままお客様まで届いている。**誰もが、みな伝言ゲームをしているだけで、自分の頭で考えていない**のです。

例えば「無機塗料を、なぜ使用するのか」と言う問いに、業者はどのように答えるでしょうか。「それが良い塗料だから」と言うような、答えになっていないような答えでは、全く塗装のことをわかっていない可能性が高いのです。

どのような高級な塗料であっても、「良い塗料」などと言うことはできません。住宅の状態を考慮した結果、この塗料が「**最適である**」と判断して選ばれたものであるとしか言えません。その判断が間違っていれば、どうしようもありませんが、少なくとも、「選ぶ」という仕事を放棄していない、という点ではとても重要です。

◆被害者と加害者の自覚のなさ◆

塗装業界は、いい加減なのが当たり前、とでもいうような業界であることに、消費者が慣れてしまっています。塗装業者がいい加減な工事をしていることを自覚している場合もあります。「うちだけじゃない。どこもやっている」などと言って開き直っている業者も山ほどいます。

しかし、全く自覚がなく、不良工事の加害者になっている業者がとても多いことが、問題を更に複雑にしています。

また、消費者が自覚なき被害者になっているケースも非常に多くあります。新築と同じで、不良工事に気づくまでに数年以上かかることがあるからです。また数年後、何かが起きても、その工事の結果起きたことだと因果関係に気づく人も多くありません。

更に、繰り返し被害にあっても「どうせ、こんなものだ」と諦めている消費者も少なくありません。**業者も、消費者も、失敗から全く学ばない**ままなのです。

被害に遭わないために、まずできることは、現状を知ることです。業界、業者の実情を知り、失敗例から学び、事前に避けられるリスクを一つずつ避けることです。

ご質問にあるようなランク別見積もりは、大変わかりやすい避けるべき業者であると言い切ることができます。

◆塗装か、葺き替えか◆

Q　屋根の傷みが激しいのですが。葺き替えするべきか、塗装するべきか迷っています。同じ屋根面積の場合、料金はどのくらい違いますか。塗装によるメンテナンスではダメで、**葺き替えなければならないのは、どんな場合ですか？**

まず「同じ屋根面積の場合どのくらい料金が違うか」という質問ですが、個別にその現場を見てみないことには一概にお答えしにくいのですが、一般的には葺き替え工事の方が高く、塗装工事の倍くらいすることが多いのではないかと思います。屋根塗装と葺き替え工事を単純に比較した際、使う材料は主に塗料か瓦かという比較になりますから、ざっくりと考えても葺き替え工事の方が高くなります。

しかし、値段の比較よりも重要なのは、**その住宅には、どちらの工事が必要なのか**、ということです。

この質問は、当社では年間一〇〇件は聞かれるくらい多くいただく質問です。ところが、どこに聞くかで答えが全く違ってくる質問でもあります。瓦屋さんに聞くか、塗装屋さんに聞くかで得られる答えが逆になってしまうのです。

それというのも現場の状況がどうであれ、**塗装屋さんは塗装を勧め、瓦屋さんは葺き替えを勧め、どちらも施工するリフォーム会社は、金額の高い葺き替えを勧める**というのが現実のようです。しかし、わかりきったことですが、これは住宅にとってはあり得ない提案です。これでは消費者も迷ってしまうと思います。

瓦屋さんやリフォーム会社に相談すれば、葺き替えなくてもよいような、程度の良い瓦を葺き替えてしまうことになります。逆に塗装屋さんに相談すれば、たとえ葺き替えなくてはならない劣化状態の瓦でも、塗装で大丈夫ということになってしまい、塗装工事をしても、すぐにまた劣化するに決まっています。どちらにしても無駄なメンテナンス費用がかかってしまいます。

当社では屋根の劣化状況などを精査して、塗装のメンテナンスで十分な瓦には塗装をお勧めし、葺き替えが必要な瓦であれば葺き替えをお勧めしています。これは当たり前のことなのですが、この業界は当たり前ではない会社が多く、**自分が儲かる方を勧める会社がほとんど**ですので、注意が必要です。

屋根の劣化状況を精査した結果、瓦の劣化はそれほどひどくないが、屋根の下地は傷んでいるという場合、当社では葺き替えを勧めています（下地だけが傷んでいるというケースは、あまり多くはありませんが）。塗装をして瓦のメンテナンスができても、下地が傷んでいれば、雨漏りの原因になってしまうため、下地を張り替える必要があります。

傷んだ下地をやり替えるには、瓦を一回、降ろさなくてはいけません。降ろしてまた載せるという作業は、手間が掛かり破損などのロスも大きく生じます。そのため、どのみち手間を掛けて瓦を降ろすのであれば、下地を施工した後に古い瓦を載せ直すよりは、この際新しい瓦を載せた方がよいのでは？　と葺き替えをご提案することが多いのです。

逆に、瓦の劣化がそれほどひどくなく、下地も傷んでいない場合は、瓦を降ろす必要がありませんから、瓦の状況が塗装でメンテナンスできる状態であれば「塗装で大丈夫でしょう」と言う答えになってきます。

屋根の傷みですが、屋根勾配というものが、傷みの程度に直結してきます。屋根勾配が小さい住宅には、屋根材や下地が特に傷んでいるというケースが非常に多いのです。（第二章Ｐ71『屋根の構造と勾配』参照）

また、屋根と外壁のメンテナンスのご依頼で、外壁の傷みは著しいが、屋根の傷みはそれほどではなく、もう少し数年後の塗装でもよい、というような場合、外壁塗装をするために足場をかけるついでにと、屋根の塗装も一緒にお勧めする場合があります。

足場をかける費用が、外壁塗装と数年後の屋根塗装のタイミングと二回になるのはもったいないからです。今回外壁塗装のために足場をかけるなら、この際一緒に屋根塗装もしておくというのも選択肢としてアリで、施主側の予算との兼ね合いによって、選べる類のものです。今回と数年後の二回、足場をかける費用が、それぞれ発生したとしても、とりあえず今回かかる費用をなるべく抑えたいという選択をすることもあるでしょう。

大きな出費を要するライフイベントについて、見通しを持って計画を立てられるように、住宅のメンテナンスには、今後どのくらいの頻度で、どのくらいの費用がかかるかということも知っておいた方がよいと考えて、現地調査ではご要望のあった工事に対する見積もりだけでなく、今後必要になりそうなメンテナンスの予測なども併せてお話ししています。

思考停止する魔法のコトバ「耐震」「大手」

この業界に長く携わっている中で強く感じることに、**「消費者を思考停止させるワード」が存在する**ということがあります。

消費者を思考停止に陥らせるワードには様々なものがあります。

「**耐震**のため」、「**大手企業**だから」、「**優良業者**と書いていたから」、「**インターネット**に書いていたから」、「**有名**だから」、「**国が安全**と認めている」などなど……。

自分の思考を停止するということは、**他の何か**に意思決定の判断を委ねるということですが、そういった「委ねる」方は自分で責任を取るということを、あまりしない傾向があります。決める時も何かに委ね、失敗した時にも**自分ではない他の何か**のせいにしてしまうわけです。このような思考停止の消費行動では、何も学びようがありません。

消費者が賢くならなければ、消費者自身が損をします。そして何より、業者も育ちませんので、業界全体も育っていきません。

消費行動には責任を伴うということを重々肝に銘じなければならないのが、失敗すれば取り返しがつかない恐れがあり、人生で最も大きな買い物の一つである「住宅」なのではないかと思うのです。

「耐震のため」というコトバのもたらす作用

◆増加する耐震工事の需要◆

日本では、大地震を経験するたびに、建築基準法の耐震基準が見直されてきました。国民の防災意識も当然のことながら、大地震のあとに高まる傾向にあり、**耐震工事のご相談**は阪神淡路大震災、東日本大震災のあと急増しています。

また九州では、二〇一六年の熊本・大分地震などの影響や、近年様々な災害が身近に起きていること、更に三〇年以内に必ず起きると言われている南海トラフ地震への不安や備えなどもあり、耐震工事の需要は年々増え続けています。

しかし、耐震工事の需要の増加に伴って、実績のない新築業者や他業種の参入が顕著にみられ、恐怖を煽る営業や不良工事なども横行しており、**詐欺まがいの業者にとっても、儲けやすい業種**になっているのが現状です。

当社でも耐震工事を請けておりますが、ひとくちに耐震工事のご相談といっても、様々なケースがあります。

実は、**耐震工事が必要な住宅に対する適切な耐震工事の依頼**、というごくシンプルなご**相談は、どちらかというと少数**です。残念ながら、既に工事後で、**他社の耐震工事が不良工事であったのではないかと**言うご相談の方が目立ちます。

その中には、雨漏りなどの別のご相談をきっかけに現地調査したところ、他社の**耐震工事を名目とした不良工事**が、雨漏りの原因だったことがわかるというケースなども少なくありません。

また、現在他社から勧められて耐震工事を検討中であるという方から、相見積もりやセカンドオピニオン的な助言を求められて、ご相談をいただくことも増えてきました。他社から提案されている耐震工事を精査したところ、何の意味もない工事内容であることがわかる、といったケースも大変多くあります。

そういったご相談をいただく中で、「耐震」という言葉が、まるで「思考停止」にさせる呪文のような働きをしていることを非常に強く感じます。

◆万人に恐怖を呼び起こす「耐震」というコトバ◆

実は、ものを売ろうとする時に、**一番売れる手口は、恐怖心を煽ること**です。恐怖心につけこんで、お布施や寄付を要求する宗教団体は昔から存在します。「あなたの娘は、このまま何もしないと将来両目を失明する」と占い師に言われて、それを避けたい親心で長年にわたり全財産どころか、借金をしてまでお布施として何億円もつぎ込んだ芸能人がいました。これは極端な例ですが、恐怖というのは、人間の思考を、**本人も気づかないうち**に完全に停止させてしまうことがあります。

災害後、業者ともいえないようなあやしい業者が、被災地に出回るということがよくあるのですが、恐怖心につけこんで、実績が全くないような業者が、通常なら取れない工事の契約をいとも簡単に取れてしまうためです。

専門家に見える業者から「耐震のため」という言葉を聞いたり「このままだと危険です」などと言われると、消費者は恐怖心を呼び起こされて一様に思考停止してしまうのです。

写真→災害直後の恐怖心につけこんだ訪問販売業者の手口。（日田市のホームページより）

２０２０年７月、大分県日田市では豪雨災害後の混乱に便乗した業者による不審な張り紙が住宅に貼られた。５段階の危険度を示し「危険度４　倒壊の可能性があります」とした上で、「解体　補修工事　10％ＯＦＦ」「まずはお電話ください」と自社の宣伝につなげる内容となっていた。市によると、豪雨災害の被害を受けた住宅に、このような建物の危険度を示す張り紙が貼られている事例が多数確認されており、張り紙に記載されている判定の結果が、信頼できる内容であるか確認が取れていないとのこと。市は公式サイト上でこの事例について注意喚起を行った。

◆「屋根を軽くする」と言われたのに……◆

Q　新築を計画中でハウスメーカーの担当者に「地震の時は、屋根が重たいと、倒壊の危険が高くなる」と言われて、古い実家のことが心配になりました。ちなみに、新築する新しい家は屋根勾配が小さく、軽い屋根材を使う予定なので安心しています。

基本的に、耐震上の観点から屋根は軽くした方がいいというのは、その通りです。しかし、屋根勾配を小さくするという方法で屋根を軽くすると、その反面、屋根の傷みが激しくなるリスクが生じることが避けられません。屋根の傷みは雨漏りのリスクを高め、雨漏りは構造体まで傷めるため、結果的に住宅の寿命が短くなってしまいます。

耐震性能を高くするが、雨漏りするリスクが上がるという選択は正しいでしょうか。雨水の浸入は、構造体も含めた住宅全てを傷める原因になり、住宅の寿命を縮めることに直結しますから、そもそもこれは**耐震か雨漏りかどちらかを選ぶような話ではない**のです。

また、「屋根勾配を小さくして屋根の重量を軽くする」と、施主には説明する一方で、その分構造体の強度もその軽い屋根材に合わせているという重大な落とし穴もあります。（第二章Ｐ87『スレートの雨漏りは消極的な対処法しかない』参照）

新築を売る場合、建物の価格は面積で算出されます。基本的に、坪単価や、平方メートル単価と床面積によって価格が決まり、体積はその価格には反映されません。居住空間で、施主の希望により天井高を上げるという場合には、梁の太さや窓の大きさなどで価格が上がることは、施主にも納得してもらいやすいものです。

しかし、見えない部分では、なかなかそうはいきません。同じ面積で、屋根勾配を大きくすると、居住空間ではない小屋裏の体積が増えます。そうすると屋根材も増えるため、建築コストが上がってしまいます。屋根勾配が大きいと、屋根材をたくさん使うから材料費が増えるけども面積自体は変わらないため、数字としては**見えにくいところにお金がかかる**のです。

そこで、業者としては少しでも安くしたいので、屋根勾配の小さい家を建ててしまいがちになるというわけです。建築コストをかけないで建てようとする業者の都合により、屋根勾配の小さい、軒の小さい家が増えてきています。そこに、**聞こえのよい「耐震上」という理由を取って付けている**に過ぎないというのが実態なのです。

長年住宅を見てきた私から言わせていただくと、屋根が軽いか重たいかよりも、屋根勾配がきちんと四寸勾配以上ある住宅の方が長持ちしているという確かな事実があるのです。

耐震性能を上げるためにどうするとよい、というような一律の方法はありません。その住宅の状況に合わせて、必要な耐震工事は全く変わってくるからです。構造体の強度が十分あるのに、上質の瓦から軽くて劣化の早い屋根材に変えたところで、結果雨漏りするようになれば、住宅全体が傷みます。しかし「耐震のため」という言葉は、契約に繋がりやすいため、都合よく濫用する業者は大変多いので要注意です。

《実例1》業者に「耐震のために屋根を軽くしましょう」と工事を勧められたが、当社に相談に来られた結果、工事の契約を踏みとどまった例

このケースは、相談者のご両親がある業者から耐震工事を勧められており、その息子さんが業者の説明に納得がいかず、当社にセカンドオピニオンとしてのアドバイスを求めてご相談に来られました。

そこで、その業者の見積もりにあった工事内容を精査し、現地調査したところ、工事内容にあるような耐震工事は全く必要ないことがわかりました。また、既存の屋根の重量を実際に計算し、工事後に葺き替える予定の屋根の重量と比較したところ、**軽くなるどころか、ほとんど変わらないという計算結果**になりました。

不安を煽られて「絶対に耐震工事をしなければ、我が家は危ない」と思い込んでおられたご両親は、当社の耐震調査と重量の計算結果に大変驚いておられました。「屋根を軽くしたい」と契約一歩手前だったのですが、そもそもする必要性もなければ、少しも軽くならない葺き替え工事だったわけです。

しかし、大半の方が、このケースの方のように疑問に感じて調べようなどとはせずに、業者に言われるがままに工事をしているという現状があります。

「耐震のため」という思考停止の呪文は、新築を建てる時から使われています。「耐震上、屋根は軽い方がいいので、勾配は小さくしましょう。軽いスレート材を使いましょう」と言われ、現在主流の新築住宅は、耐震という名目で屋根勾配が小さい、またはない住宅がほとんどです。本当は、コストカットのためであるのに、業者は耐震上と説明しています。本当に耐震のためにそうしているのだと思い込んでいて、現状に疑問を抱かない業者もいます。（屋根勾配の重要性と、勾配の小さい屋根がもたらす弊害については第二章P71『屋根の構造と勾配』参照）

業者ですら思考停止しているのですから、消費者は「耐震上」と言われると、本当にそうなのかなどと疑うことなく、ピタッと思考停止して、それが耐震上よいことなのだ、と信じて疑いもしないのは無理もないことかもしれません。

「大手企業だから」というコトバのもたらす作用

◆大手の有名企業も例外ではない◆

悪質な業者、訪問販売業者にだけ気を付ければよいのかというと、残念ながらあらゆる規模の業者による不良工事が頻発しています。当社では、年間を通して様々な不良工事のご相談をいただいていますが、中でも耐震工事を名目にした不良工事は、特に増え続ける一方です。

耐震工事の需要が増えることにより当然予測されるのが、技術がないのに耐震工事に手を出す業者です。**意味がない工事であるにも関わらず、高額な代金を請求された、工事後に雨漏りが始まった、工事後に壁がキズだらけになっている**など、様々な工事後のお悩みのご相談をいただいています。このような不良工事のご相談では、訪問販売業者などの見るからにあやしい業者だけでなく、全国的な**大手の有名どころの業者の名前がよく聞かれる**ことも最近の特徴となっています。

近年、新築住宅の需要減に伴い、大手ハウスメーカーはリフォームへと商圏をシフトしています。そのため、住宅リフォーム業界は戦国時代のように競争が激化しており、訪問販売業者に限らず、大手ハウスメーカーや大手リフォーム会社までもが、訪問販売業者のような強引な営業をしています。

そして、残念なことに、大手企業と訪問販売業者のどちらにも共通しているのが、**工事がでたらめであるという点と、工事代金が高額であるという点です。**

◆二重に思考停止させるワード◆

そのような現状の中で、特に消費者から感じることは、「**耐震のため**」**だけでなく、**「**大手だから大丈夫**」といった言葉が、まるで**思考停止の呪文**のような働きをして、**消費者の判断を狂わせてしまっている**という事実です。

業者に「耐震上必要です」と言われると、大変賢い方、慎重な方、聡明なお客様であっても、多くの方が「**思考停止**」に陥るという傾向がみられます。更にそのうえ、「耐震のため」と言ってくる業者が、**大手の有名企業の場合だと、二重に思考停止に陥ってしまう**のです。そのため、慎重に工事内容を精査するということが、なお一層できなくなり、**工事内容がよくわからないのに契約してしまい、**あとになってから「工事がでたらめだった」と後悔されて、当社に相談に来られるという方が、あとを絶ちません。

　また、大手ハウスメーカーや大手リフォーム会社の場合、消費者の傾向として**金額がある程度高い方が安心する**という心理があるようです。「**大手＝高額＝安心**」という公式ができあがっているようですが、その金額に見合った施工をしている大手企業による工事を、私はまだ見たことがありません。

◆大手だから安心、とネームバリューで決めて失敗◆

《実例2》大手に依頼した耐震工事で失敗したという例
　この相談者は、ある地元のリフォーム業者から「耐震のために屋根を葺き替えて軽くしましょう」と言われたのをきっかけに、全国大手のハウスメーカーS社にも相見積もりを依頼したそうです。その後、「全国大手のハウスメーカーの方が、会社がしっかりしているから安心だろう」と、**一千万円を超える耐震工事**を契約し、屋根を軽い屋根材に葺き替えたそうです。
　しかしその工事後、外壁からの雨漏りが始まったため、再びS社に相談したところ、外壁をやり替えた方がいいと勧められて、やはり一千万円ほどの見積もりを提示されたとのことでした。

そのため、「外壁工事の見積もりの内容と金額が妥当かどうか見てほしい」と当社にご相談に来られました。耐震工事をする以前は雨漏りしていなかった住宅が、S社による耐震工事の後から雨漏りが始まったのにも関わらず、相談者はその耐震工事については疑いを持っていないご様子でした。

　現地調査に伺い、住宅と耐震工事の見積書を見せてもらったところ、言葉を失いました。S社による耐震工事は、全く意味がない工事というより、必要がないどころか、**住宅を傷めるひどい工事**でした。

　耐震のためと称して、雨漏りしていない屋根を葺き替えて、なぜか小庇や玄関屋根を以前よりも勾配をなくして雨漏りしやすい状態に作り替えていました。更に、窓を取り替えた結果、窓回りの継ぎ目からも雨が入るようになっておりました。

その工事をしたために外壁からの雨漏りが始まったのは、歴然としていましたが、相談者はそのことには気づいておらず、疑問にも思わず、工事後に始まった雨漏りについてS社に相談しているのです。

　更に驚くことに、その相談を受けて、当のS社も自身の耐震工事の起こした結果であることに気づきもせず、一千万円かけて外壁をやり直す提案をしており、その外壁工事の見積もり内容も、これまた意味不明なものでした。

当社が調査したところ、そもそもの耐震工事が酷すぎて、改善しようにもどうにもならないのではないか、というのが率直な感想でした。取り返しのつかない、やり直しようのない、最も残念なケースでした。以前の住宅が立派なものであっただけに、ショックすら受けました。

S社は、**全国最大手のハウスメーカーの一つ**で、新築をメインにしていましたが、近年新築の需要減で例にもれずリフォームに参入しており、**某業界誌が行う「全国のリフォーム業者売上高ランキング」では常に上位**となっています。

◆新築とリフォームは、全く違う建築工事◆

大手ハウスメーカーは、少子高齢化による新築住宅の需要減に危機感を持ちはじめた数年前から、かつてのような鷹揚な営業スタイルを捨てて、なりふり構わない営業スタイルで生き残りをかけています。そのため、訪問販売業者以上に恐怖を煽ったり、契約を急がせるような営業をしており、しかも杜撰な施工が目立ちます。

新築工事のノウハウがあれば、リフォームは簡単にできるだろうと安易な考えで、新築業者がリフォーム業界に参入していますが、多くの人が同じような誤解をしています。実は、**新築工事よりもリフォーム工事の方が技術的には、圧倒的に難度が高い**のです。

新築工事は通常、何もない更地に住宅を建てるため、土地の形状や立地などの制約は受けますが、想定外の出来事は（自然災害を別にすると）工事中ほとんど起きません。一方、リフォームの場合、人が住んでいる状態で工事を行うため、住人が生活していることが工事を難しくさせます。

また、建物の不具合を修繕する場合、同じメーカーが建てた建物でも、経年やそれぞれの条件により原因が異なってくるため、現場ごとに原因と対策を探らねばなりません。リフォーム工事は、不測の事態や想定外の出来事が起きるのが当たり前といってもよいくらいです。既に建てられた住宅の構造は目に見えず、内部でどのようなことが起きているのかを判断するには、経験と知識だけではなく、あらゆる角度から検証する視点が必要となってきます。

そのような経験や知識がなく、**「リフォームは新築工事よりも簡単だ」と言う誤解を持ったまま参入する新築業者が増加していることが、近年の不良工事の爆発的な増加の大きな要因**ともなっています。

リフォーム工事の中でも、耐震工事は特に契約が取れやすい状況となっているため、不良工事の温床ともいえる現状を生み出しているのです。

◆工事の実態がないことも◆

　本当に耐震工事の必要性のある住宅に、適切な耐震工事がなされているというような、何の問題もない工事は圧倒的に少ないのが現状です。大抵の場合は、耐震や修繕の知識もないのに、補強金具などを意味のない場所に取り付けて「耐震補強をした」として、高い工事代金を請求されています。たとえ工事代金が割高であったとしても、まともな耐震工事さえしてくれていればラッキーなくらいです。

　しかし、実際には「既に、耐震工事をしました」と言うお宅を調査すると、耐震工事とはいえないような**何の意味もないいい加減な工事**をされていたり、**工事の痕跡が全く見当たらない**ということがたびたびあります。

　どうかすると先述の実例2のように**住宅を傷めるような工事を「耐震工事」と称してされていたりするようなケースも決して少なくない**のです。

　住宅の構造などの基本的なことを理解していない業者というのは、実は消費者が思っている以上に、たくさん存在します。当社は、そういった業者が不良工事や残念な工事をした結果の不具合を直すといった工事を、年間を通してかなりの件数を手掛けております。

そういった工事は、本来ならしなくてよかったはずの工事であって、無駄な出費以外のなにものでもなく、正直なところ施工していて気の毒な気持ちになるほどです。

◆不良工事の自覚なき被害者◆

耐震工事や塗装工事のあとに、雨漏りが始まったというような上記のケースよりも、更に深刻なのが、**被害の実態に気づいていないケース**です。これは、耐震工事、塗装工事の他、防水工事などでも顕著です。**不良工事をされたのに、消費者は全く気づいておらず、満足しているということが意外に多くあります。**住んでいる人が、不良工事だということに気づくとしても、工事から数年かかる場合もあります。

また、数年後に不良工事のせいで不具合が生じても、不良工事に由来している不具合であるという因果関係を立証することが難しいという面もあり、施工業者も自分の工事を省みることがありません。このように年数が経ってから不具合が判明する場合、泣き寝入りとなってしまうケースがほとんどです。

こういったケースで最も注意しなくてはならないのは、金銭的な損失や、住宅へのダメージだけではありません。耐震工事の場合、いざ地震などの時に、耐震性能が期待できないのに、そのことを住人が自覚していないため、非常に深刻な事態になりかねません。なぜなら、「この家は地震の時、危ないかも」と思っているのと、「この家は耐震性能がしっかりしているから大丈夫」と思っているのとでは、揺れを感じた時に住人の取る行動が変わってしまう可能性があるからです。住宅の耐震性能を信じた住人の安全が、脅かされてしまいます。

一番心配なのは、**不良工事をされたという自覚のない住人**なのです。

◆取り返しのつかない失敗◆

普通、モノを買う時に、仮に失敗してしまったとしても、その経験を「勉強だった」と思うことができます。お金をドブに捨てるようなものだったが、次は失敗しないように学ぶきっかけになった、という風に思うことができるわけです。いわゆる「勉強代を払った」と言う考え方です。

しかし、住宅建築・リフォームの場合は、お金をドブに捨てるだけでは済みません。財産である住宅の性能が下がってしまうため、それを元に戻すためには、かけた以上のお金がかかる場合があります。それどころか、**どれほどお金をかけても、元に戻せないケースもある**のです。

その場合、「お金をドブに捨てた」という言葉では決して足りません。ドブに捨てた以上の大きな損害を被っているからです。**住宅建築・リフォームの失敗というのは、取り返しのつかない失敗になってしまうことが大変多い**のです。

耐震工事や塗装工事のあとに、雨漏りが始まったというご相談は決して珍しいものではありません。不良工事であることがわかった頃には、その業者は倒産しているか、跡形もなく消えているということも、残念ながらこの業界ではよくある話なのです。

◆特に耐震工事は業者にお任せしてしまう心理◆

住宅のリフォームやお庭の外構工事などで、見た目が変わり、住宅機器を新しくするようなリフォームで、ある程度の高額な工事をする場合は、ほとんどの消費者は当然のことながら主体的に工事に関わります。

一部分、例えば配管などの部分は、業者任せといったこともありますが、全体的な予算はもちろん、工事のボリュームや具体的な内容など、消費者がよくわからずに工事が進む、といったことはあまりありません。

しかし、耐震工事、塗装工事や防水工事となると、一転して、業者が主体的に工事内容を決めていくことが多くなります。金額の交渉には熱心でも、工事の話になると「難しくて、よくわからないから」と、説明をあまり聞かないという消費者も多いため、悪質な業者や施工に自信のない業者にとっては、とても工事がやりやすいのです。

工事の状況を聞いてみると、契約時点でも工事期間中でも、工事の内容について消費者自身が不透明なままであることが非常に多くあります。おおよその金額を聞かされているだけであるとか、時には金額の規模によって、工事の規模を推測しているような消費者もおられます。「三〇〇万円の耐震工事をしてもらったから大丈夫なはず」「一千万円もかけて耐震工事したから安心」といった、ざっくりとしたことを言うのです。

耐震工事は建築工事の中でも特に、**仕上がりが目に見えにくい**分野です。なおさら、実態のないあやしい会社や、名ばかりの建築会社を名乗っている程度の会社が、手を出しやすい分野でもあるといえます。もちろん、名の通った有名な大手の業者であっても、信頼して工事を丸ごとお任せするという理由にはなりえません。

◆業者自身は間違っていると思っていない◆

いわゆる悪徳業者だと自覚している業者は、実際にはごく少数でしょう。大手ハウスメーカーや工務店も例外なく、大半の業者が「自分たちの施工が正しい」と疑問を持たずにやっています。ですから、工事後に「工事のせいで雨漏りが始まった」と言われてから、慌てて「困ったなぁ」というように、その場その場での対応をしているというような業者がほとんどです。

しかし、これまで何の疑問も持たずに、長年間違った工事をしていたような業者が、起きた問題を解決できるはずもありません。**『疑問を持つ』という視点がない限り、自身の施工であっても、その工事による因果関係がわからない**のです。そのため、クレームのあとも、やはり意味のない対処をし続けるのです。どうかしたら、その工事でも代金を請求する、というようなことを平気で繰り返しています。

当社に相談に来られる方の中で、こういった**不毛な悪循環で、かなりの時間とお金を費やし、住宅を随分傷めてしまった**という方が多くいます。正直なところ、その結果、手の施しようのなくなった住宅もあります。経年による劣化などでなく、**度重なる不良工事に**

よって傷められた住宅です。もう少し早く相談してくれていれば、こんなに住宅をダメにされる前に相談してくれていれば、そう思うような住宅に出会うたび、大変残念な気持ちになります。

◆思考停止しない関わり方◆

そういった経験からも、色々なところで常々申し上げているのが、「業者任せにしない」ことと、「いかに思考停止しないか」と言うことです。また「耐震のため」や「大手だから安心」と言うような思考停止の呪文を唱えられても、どうか基本的には同じ行動をお願いしたいのです。基本的なことというのは、**主体的に工事に関わる**、そして**わからないことは、わかるまで業者に聞く**ということを意識することです。

大小に関わらず、どの業者を相手にしていても、どの分野の工事であっても、**消費者のやるべきことは、基本的には同じ**です。その企業の考え方、施工に対する姿勢、工事の内容を素人である消費者に対して、わかりやすく説明しようとしているか、を見ること、そのうえで、数社を比較・検証して、自分で判断するという作業は、他の誰かに代わってもらうわけにはいかないものなのです。

理解できる基礎知識がないと、聞きづらいという方がいますが、わからないことを聞くというのは、全ての消費行動に必須のもので、消費者責任ともいえるものです。そんなに難しいことではありません。

見積書に、よくわからない言葉があったら、どういう意味か聞く、金額の算出についても聞いてみる、そのプランで施工することによって、どのような変化があり、耐震上どのような効果が見込めると考えられての施工計画なのかを聞くだけです。業者の説明を受け身で、ただ「聞く」のではなく、質問をすることで主体的に「聞く」ということです。同じ「聞く」でも随分違う働きをします。

いい加減な業者が増えている一つの要因には、消費者自身もいい加減にお任せする、「信用する、任せる」と言いつつ思考停止して丸投げするという姿勢があることが、大きく作用していると言えます。いい加減な業者には、消費者の丸投げの姿勢は必ず伝わってしまいます。

そういう思考停止で、丸投げの姿勢でいる消費者というのは、言い方が悪いのですが、いい加減な業者からすると「カモ」と思われても仕方ないのです。

◆正しい耐震工事は、住宅によって違う◆

ひとくちに「耐震」と言っても、住宅の状況はもちろん、住む人の今後の計画によって全く変わってきます。どういった工法で建てられた住宅であるか、どのような立地条件で、現在はどのような劣化状況にあるか、建てられてから現在までのその住宅の歴史など、なるべく正確に多くの情報を知り、理解しなければ計画することはできません。

また、今後どれくらい住む予定があるのか、今の時点でどれくらいの予算を充てられるのか、という要素も加味します。その住宅にとって、必要な工事を全て施工できれば言うことはありませんが、多くの人にとって、無限に予算があるわけではありません。

それだけに、具体的にどのような施工計画を立てるかを検討し、様々な選択肢の中から、優先順位の高い工事と、費用対効果の高い工事を見極めていくのかが、我々専門家の仕事であると考えています。それと同時に、実際に住んでいるお客様に納得のできる説明をしたうえで、実際に工事を行い、**安心して住み続けてもらうことができるようになる**ことが一番重要となってきます。

住宅のリフォームや耐震工事というのは、うまくすれば住宅の寿命が延び、施工内容や質によっては施工前よりも住みやすく、安全になります。お金を払って工事をするのだから、以前よりも住みやすくなる、安全になるのは当然のことだろう、と思われるかもしれません。しかし、お金をかけて工事をしたのに、住みやすくならない、安全になったとはいえない、むしろ逆効果だった、というような工事が巷に溢れているというのが、この業界の現状なのです。

特定のワードによって思考停止する危険性が、万人の心理に潜んでいることを自覚しなければ、被害を完全に防ぐということは難しいでしょう。自分だけ例外ということはなく、自分にもその危険性があるのを自覚することが大切です。消費者には「思考停止せずに、自分で考える」消費行動をしてほしいと考えています。**当社の主張ですら、鵜呑みにせずに検証して判断してほしい**と思います。

思考停止する魔法のコトバ「インターネット」

さて、比較・検証を他の誰かに委ねるという行為の典型的な例が、「優良業者紹介サイト」などインターネットの利用です。これは単なる私個人の危惧などではなく、実際に多数の被害が起きており、この問題は特に近年増加しているために、私は日々警鐘を鳴らしてきました。

　当社でいただく相談や工事依頼は、大分県内の三店舗で月に一二〇～一三〇件ほどの件数があります。そのうち、実に**潜在的なものも含めて約半数近くが、紹介サイトがらみの被害相談**となっている現状があります。インターネットが普及する以前は、これほどまで深刻な問題工事や不良工事のお悩み相談は、多くはありませんでしたから、この件数の増加の大きな要因の一つであることは間違いないでしょう。

◆電話帳をめくる時代から、スマホやＰＣで検索する時代に◆

　一昔前なら、水漏れやトイレの詰まりなどの緊急な依頼の場合、電話帳（『企業版ハローページ』や『タウンページ』）を使って業者を探して電話を掛けるというのが一般的でした。電話帳を使って業者を調べていた時代にも、もちろん業者の当たり外れはありました。

　ただ、たとえ工事の質が悪い、程度の低い業者がいたとしても、少なくともその工事で生計を立てている業者であることには間違いなかったのです。あまりにも工事の質が悪い業者は、次回に発行・配布される電話帳からは消えていたりするわけですけど、詐欺まがいの業者、非常に悪質な業者に当たる確率は、今ほど高くはなかったといえます。

一方、昨今インターネットの普及に伴い、緊急の場合に限らず、日常的にインターネットで検索して、業者を選定するのが一般的になりました。しかし、注意しなければならないのは、電話帳に掲載される場合と比較すると、インターネット上の掲載はもちろん、「優良業者紹介サイト」に掲載されるのは、至極簡単であるということです。工事の質がどうという以前に、何の工事実績もなく、昨日今日思いついた人間、極端な話その工事で、**詐欺まがいのことを働こうとしている人間でも簡単に掲載することができる**のです。

会社の実態も**工事の実績もない、あやしい業者がたくさん「優良業者」として名を連ねているのが、「優良業者紹介サイト」**であるといっても過言ではありません。

◆インターネット検索の上位には何が表示されるのか◆

インターネットの普及、利用されるツールの多様化・進化に伴って、どの業種の企業であっても、自社のホームページはもちろんのこと、ＳＮＳの活用、また検索上位に上がるためのＳＥＯ対策など、消費者のスマホ・ＰＣからのアクセスを受注に繋げるウェブ対策に力を入れることが求められています。

企業のホームページはインターネット上に一つ一つ存在していますが、検索ワードによって検索画面に表示される順位が変わります。例えば、大分県在住でリフォームを検討している方は「大分県　リフォーム」などの言葉を使って検索しますが、そこでトップに表示されているのは、そのワードで検索されたら表示されるように広告料を支払っている企業です。

横に「広告」というマークがあるので、すぐにわかります。そして広告マークのない企業のうち、**最上位にくるのは、一番工事の実績や信頼がある業者ではなく、一番SEO対策に力を入れている企業**なのです。

更に、最近では上位を占めるのが企業ではなく、「優良業者紹介サイト」や「比較サイト」が目立ってきているという傾向があります。消費者は検索で表示された企業のホームページを一つずつ見ていくより、企業名をいっぺんに知ることができるということで一覧表示、ランキング表示されている「紹介サイト」や「比較サイト」を好んで使う方が増えているのです。

検索で表示されたものについて、これは広告、これは企業のホームページ、こっちは紹介サイト……などと特段意識せずに利用している方は、多いのではないでしょうか。

◆紹介サイトは、どのような人間（会社）が作っているのか◆

紹介サイトは、当然のことですが、インターネットに詳しい人間（会社）が作ります。パソコンの前で、企業を検索する、紹介料や広告料を得るために「載せませんか？」という営業をメールで、片っ端からどんどん送り付けるわけです。昨今では、承諾もなく勝手に掲載するサイトも増えています。まさにパソコンの前で、仕事が完結する業種です。

当社にも、多い時は二日に一件くらい、そういったサイトの運営者から営業のメールが来ます。「うちに登録すれば、じゃんじゃん受注が来ますよ」と言う営業をしてくるわけです。または、「サイトを見た消費者から、見積もりの依頼が入ったから、こういう住宅の条件で、この工事の見積もりをしてほしい」と言ったメールも頻繁にきます（当社はそのような現地調査もなしにメールでの見積もりの依頼は、お断りしています。恐らくその後は、複数の会社がその依頼を受けて見積もりしたものを、消費者は値段などで選ぶのだろうと推測されます）。

そういったサイトの運営者が、リフォームや建築のことを全く知らないのは当然なのです。自分が営業をかけている相手であるリフォーム業者のことも、全く知らないのでしょう。手当たり次第に、営業しているのだろうな、という印象を受けます。リフォームなんて、どこでやったって同じだ、と思っている人間が、こういうサイトを作っているのかもしれません。

紹介サイトの多くは、東京や大阪など県外の会社です。会社という形を持たず、個人ということもあります。業者や業界のことを全く知らない、知る気もないのは当然ともいえます。なぜなら、**サイトの作り方を知っている、紹介料や掲載料での儲け方だけを知っている人間（会社）が作っている**のが「優良業者紹介サイト」なのです。

業者の「比較サイト」や「**業者ランキングサイト」に至っては、業者が支払う紹介料が高ければ高いほど上位になる**という仕組みのものも多いのですが、それを見た消費者は、優良度のランクと安易に信じてしまうようです。

掲載している業者を「優良業者です」と言い切るからには、どのような基準によって業者を優良業者と称しているのか、表向きのタテマエであっても、オープンにすることができる指針などあってもよさそうなものです。

しかし、どのサイト運営者に問い合わせても、全く答えてくれません。ないものを答えろ、というのが無理な話なのでしょう。優良であるか判断する基準を持たないのに、何を根拠に優良と判断しているのでしょうか。

◆どのような業者が掲載されるのか◆

そういうサイトの手を借りて、受注を増やしたい業者というのは、**工事実績や信頼を持っていない業者に偏ってくる**ということが言えます。紹介サイトの手を借りなければ、受注が増やせない業者であるとも言い換えられます。良識のある、地元で信頼と実績を積み重ねている業者であれば、そういった「紹介サイト」からの紹介は必要ないですし、名を連ねている他の業者の名前を見たら、普通は慎重になるのではないでしょうか。

当社にも、サイト運営者から頻繁にメールが来ますが、その紹介サイトを見てみると、実態のない業者、工事の質が悪い業者、詐欺まがいの業者、地元で悪名高い業者などばかりが、「優良業者」として名を連ねています。

大抵は、メールを一方的に送り付けてくるサイト運営者がほとんどですが、紹介サイトの最大手の会社が掲載の依頼をしに、当社に直接来られたことがあります。東京からわざわざ来られたのでお会いしたのですが、この会社はかなり珍しいケースと言えます。普通のサイト運営者は、電話すら使いません。

その「優良業者紹介サイト」は、珍しく掲載の基準を設けているとのことで聞いてみると「掲載の条件には三年分の決算書の提出が必要」ということでした。営業の方は熱心に、掲載させてほしいと言ってこられましたが、当然のことながら丁重にお断りしました。

比較的きちんと訪問して営業しているこの運営者であっても、例にもれず、当該サイトに名を連ねている業者は、とても優良とはいえない業者ばかりでした。三年分の決算書を見たところで、施工の質や企業の良し悪しがわかるわけがないのですから、当然といえば当然です。

少なくとも、決算書を出すという基準があるだけ、他よりはマシと言えなくもないのですが、せいぜい実態のない業者、すぐに跡形もなく夜逃げする類の業者、全国を転々と荒らすような詐欺同然の業者などの、よほど悪質な業者に限っては掲載されないだろう……という程度の消極的な基準にしかなり得ません。

◆インターネットの情報を鵜呑みにする危険性◆

消費者が、クリックまたは契約すれば、サイトの運営者に掲載料や紹介料が入り、業者は広告物を作らなくてもインターネット上で受注が取れるようになる――、そういった仕組みのもとで、顔の見えない運営者が作ったサイトで「優良業者」と掲載されている業者を、いとも簡単に信用する人がとても多いことに、驚きを禁じ得ません。

この類のサイトは、「インターネットを使って集客したいが、ＩＴスキルや工事実績がなくてできない業者」と「インターネットのスキルを活かして金儲けしたい運営業者」とがマッチングする仕組みであると知ってもなお、利用する消費者は、これほどいるでしょうか？

インターネットの普及により、インターネット上のトラブルや、ＳＮＳを使った犯罪に巻き込まれたニュースなどを耳にすることが、これだけ増えているのにも関わらず、なぜいとも簡単にインターネット上の情報を信用してしまうのでしょうか。

「自分だけは大丈夫」と言うのは、特殊詐欺被害などに遭う方にも共通している心理で大変危険です。

◆ＳＮＳを利用した誘拐や詐欺◆

昨今、オンラインゲームのチャット機能や、トークアプリで誘い出された小中学生・高校生の誘拐事件が日常的に起きています。

二〇二〇年九月、神奈川県の小学四年生の女子児童が、ゲームのチャット機能を通じて知り合った三八歳の男に連れ去られる事件が起きました。チャット機能でやり取りするうちに、自宅周辺の場所を意図せずに知られてしまい、帰宅途中の女児に男が声を掛け、車に乗せられて連れ去られるというものです（その後、女子児童は無事に保護されました）。中高生のフリをして交流をするなど、同様の手口による未成年者への声掛け事案や誘拐未遂などは、大変増えております。

また、近年インターネットの長時間利用者と、その利用時間は増加し続けています。インスタグラム、フェイスブック、出会い系・マッチングアプリや言語交換アプリなどのあらゆるツールで、様々な詐欺が日常的に蔓延しています。中でも外国人のプロフィール写真を使い英語でのDMを発端に、疑似恋愛関係などに持ち込み、個人情報や金銭、投資などを要求される、いわゆる「ロマンス詐欺（別名ナイジェリア詐欺）」の被害は、爆発的に増加しています。

ターゲットになるのは、日本人だけではなく、欧米人も被害に遭っており、国際的な社会問題となっています。韓国でも被害が増えてメディアが、たびたび取り上げています。アメリカでは、二〇一八年中のロマンス詐欺の被害数は二万一千件に達し、被害額は一億四千三〇〇万ドルに上った、と連邦取引委員会が発表しました。カナダでは、ロマンス詐欺の被害総額が、他のどの詐欺よりも多額となっています。

日本では、勤務先から一億円以上を着服した女性が、二〇一九年に逮捕されニュースになりましたが、数年かけて騙されていたロマンス詐欺の被害者で、着服したお金は恋人と思い込んでいた詐欺集団に送金していたそうです。

◆消費者と詐欺業者を、いとも簡単に繋ぐ役割をしてしまう、紹介サイト◆

こういったインターネットを悪用した子どもの誘拐事件や、大人の詐欺被害のニュースを聞くと、多くの人が「**なぜ、インターネット上だけの関係で、顔も知らない相手のこと**を、**いとも簡単に信じてしまうのだろうか**」と言う疑問を持つことでしょう。

しかし、**そのような疑問を持つ人であっても、紹介サイトなどによってインターネットで簡単に業者の選定を行います**。顔の見えない、どこの誰かもわからない運営者が比較し、勝手に順位などをつけたものを掲載しているに過ぎないのですが、**その誰か**が書いた「優良業者」という言葉を「インターネットで調べたら優良業者だと書かれていたから」とあっさりと信じてしまうのです。

大抵のモノやサービスに関しては、「使い方が大事ですよ」ということが言えると思います。リスクは多かれ少なかれ、何にでも付きものということがありますし、一長一短あるものは賢く使うことで、消費者のためになるサービスがたくさんあるのも事実です。

しかし、「優良業者紹介サイト」に限っては、「使わない方がいい」と言っても過言ではありません。それほど詐欺業者、詐欺まがいの、いい加減な業者にとっての温床になっているのです。

さて、かなり極端な例ですが、次のような記事も出ているので紹介したいと思います。

＊＊＊＊＊＊＊＊＊＊＊＊＊＊＊＊＊

「7万円の工事が『65万円』、水廻り修理で高額請求トラブル相次ぐ」

（『読売新聞』２０２０年10月11日22：31配信の記事より）

トイレや台所など水回りの故障を修理した際、業者から数十万円以上の高額な費用を請求されるトラブルが全国で相次いでいる。「保険が使える」などと言って強引に支払わせるケースもあり、被害者は「巧妙な手口で相手のペースに巻き込まれてしまった」と語る。愛知県ではトラブル急増を受け、弁護士有志が対策弁護団を結成。注意を呼びかけるとともに、損害賠償を求める訴訟の準備を進めている。

■見積書見せず作業

「床に水があふれるなか混乱し、請求が高額でも断ることができなかった」愛知県内の50歳代女性は読売新聞の取材に応じ、そう振り返った。女性は8月中旬、洗濯機の排水管付近で漏水が起きたため**インターネットで修理業者を検索し、上位に表示された修理業者の紹介サイト**を利用。**サイトには「出張・見積もり無料」「明確な金額を提示、追加料金一切なし」などと記載**されていた。

ところが、訪れた同県豊橋市の業者2人に見積書を見せるよう求めても「今、作ってます」などと言って具体的な説明はないまま、業者はいきなり床板を切断し、排水管の交換などの作業を始めたという。終了後、見せられた工事請負契約書には約65万円の請求額が記載され、女性は「血の気が引いた」。

業者は「クレジットカード払いなら、料金は80万円を超える」「※料金は火災保険で返ってくる」などとまくし立て、現金払いを促した。女性は家の修繕用にためていたタンス預金を全て支払いに充てたという。

後日、女性が別の業者に問い合わせると、同種の工事は多く見積もっても7万円程度と判明。保険会社への問い合わせでは、排水管工事なら契約している保険の適用が難しいこともわかった。

当社注※通常、保険適用の場合、**工事前**に保険会社へ見積書を提出し、保険適用が確実とわかってからの工事となる。工事後に保険請求をするということはない。

修理業者やサイトの運営会社に電話しても、「見積書がなくても工事はできる」などとして返金には応じてくれなかった。この修理業者は取材に応じず、**サイト運営会社は取材に「ノーコメント」とだけ回答**した。

国民生活センターは「保険適用は業者が判断することではない。作業内容や料金に納得できない場合は、その場での支払いを断ってほしい」と呼びかけている。同センターによると、全国の消費生活センターなどに寄せられたトラブル相談のうち、トイレの修理関連は2013年度の550件から19年度は1157件と倍増。その他の水回りについても、13年度の398件が19年度には1・4倍の559件に増えている。

■年内にも集団訴訟

愛知県周辺でも被害が相次いでいることから、同県内の弁護士らが「悪質！『トイレのつまり』ぼったくり被害対策弁護団」を結成。弁護団によると、この**女性と同じサイト**で、「**基本料金780円から**」とあったにもかかわらず、**相場を大きく上回る数十万円**

以上を請求されたケースが続発。８月以降、愛知、岐阜県の男女約50人から相談が寄せられ、最大で１５５万円を支払わされた事例もあった。

団長の石川真司弁護士は「消費者の窮状に付け込んで暴利をむさぼることは許せない。困ったら相談を」と呼びかけている。弁護団は年内にも、業者側に損害賠償を求める集団訴訟を名古屋地裁に起こす方針だという。

（※強調、太文字は当社による）

（出典：https://www.yomiuri.co.jp/national/20201011-OYT1T50117/）

＊＊＊＊＊＊＊＊＊＊＊＊＊＊＊＊＊＊＊＊

◆氷山の一角◆

この『読売新聞』の記事には、「**インターネットで修理業者を検索し、上位に表示された修理業者の紹介サイトを利用**」とあります。

この件は、**同じサイトの利用者で同様の被害が相次いだ**ために、集団訴訟に踏み切るということで記事にも取り上げられたようです。ただ、これはあまりにも悪質であったため、明るみに出たに過ぎないということで、実際には同じような事例は巷でたくさん起きているというのが私の考えです。こういった**紹介サイトで依頼した業者からでたらめな工事をされたというご相談は、当社でも年々増える一方**だからです。

また、この記事では、トイレや水回り関連で被害が倍増しているということでしたが、トイレや水漏れ修理は緊急性が高く、災害時と同様に消費者の判断力が低下してしまうため、被害に遭いやすいという面があります。しかし、**緊急性の低い工事であっても、こういった被害は大変増加している**のです。

トイレや水漏れ修理など水回りは、工事がでたらめであれば、比較的早く表面化しやすいのですが、実は「**紹介サイト」が最も暗躍できるのは、塗装、耐震工事**の分野です。しかし、失敗だったと気づくのに時間がかかる分野でもあります。失敗だったと気づくのに数年かかったうえに、気づいたとしても因果関係を立証するのが難しいので非常に厄介です。

更には、耐震工事などは特に、でたらめな工事をされていても、消費者が全く気づかないということも多々あります。そういった意味でも、現在問題が表面化しているものは、ほんの一部であり、氷山の一角といえるでしょう。

以前の住宅では、問題工事は悪質な訪問販売業者によるものが大半でした。しかし、近年は大手ハウスメーカーを筆頭にいい加減な新築住宅が増えていること、それに追随して日本中で、でたらめな新築住宅が建っていること、そこにインターネットによる業者探しが、更に追い打ちをかけています。大手ハウスメーカー、建材メーカー、一級建築士、設計事務所、町の工務店、職人に至るまで、業界に携わるあらゆる人間と消費者の大半が思考停止しており、不良工事の爆発的な増加に歯止めがかからない状況です。

そこにコロナ禍が、更に追い打ちをかけて、人々に不安な心理を蔓延させて、正しい判断を狂わせていると感じます。

3年に及んだコロナ禍の影響で、人と人のコミュニケーションが取りづらくなってきた世の中では、より一層自分の目で見て、じかに対話することの大切さを痛感しています。

◆インターネットの情報と、どう付き合うか◆

当社でも、インターネットを利用して会社の情報をホームページに載せていますし、インターネット社会ですから、止むを得ず必要な程度のＳＥＯ対策は行っています。しかし、実態のない会社であっても、インターネットに情報をあげることは簡単にできます。ホームページ制作会社にお金を払って頼めば、綺麗で立派なホームページを作ってもらえますし、パソコンに詳しければ、自力でそれらしいホームページを作ることもできるのです。

そのため当社では、実体験に基づく情報の掲載を大事にしています。実際に会社に足を運んでもらうのが一番ですが、そうできない方に、来てもらった時に、得る情報と同じくらいのものを掴んでもらえるように、施工の実例をなるべく多く、それ以外にも代表者が、どのような思いでこの仕事をしているか、また働いている社員の紹介などを掲載していきます。どれも、実際に来店してもらえば、直接見ることのできる情報ばかりです。

しかし、ホームページがどれだけ立派であっても、実際に見せられるものがない会社というのは山ほどあるのです。そういう業者の中身があるかどうかをホームページだけで、どうやって見分けるかというと、なかなか難しいのですが、それでもたくさん見ていると気づくこともあります。

ホームページ製作会社の作るホームページは、プロが作りますから見栄えは立派なものですが、どこか似通っていて血が通っていないような、マニュアル通りに作られたものだな、という印象を受けます。また、ホームページはお金を出して注文すれば、納期にはでき上がりますが、会社の考え方や理念などは一朝一夕にできるものではありません。

そういった考え方や理念、その事業を興した思いなどが、ホームページから感じ取ることができなかったら、直接会社に出向いて、ご自分の目で確かめるしかないのではないかと私は考えています。

◆社会全体で低下している思考・検証・判断する力◆

近年、社会全体の有り様が急激に大きく変容しているのは、多くの人が感じていることではないでしょうか。特に、政治や巷で起きる事件のニュースを見るにつけ、政治の劣化、大人の劣化が著しいと言わざるを得ません。

我が国で一九八〇年頃から始まった経済的格差の拡大は、「格差社会」という言葉を生み出しました。相対的貧困率は上昇しており、一九九〇年代半ば以降は、絶対的貧困率も上昇するなど、貧困率の増加は深刻な社会問題となっています。

男女ともに、ほぼ全ての年齢層において貧困率が上昇しており、特に高齢単独世帯、母子世帯の貧困率の上昇に加えて、中でも若年層の貧困率は二〇〇〇年代から顕著に上昇傾向が見られます。

二〇一五年の調査では、日本の子どもの貧困率は一三・九%、更にひとり親家庭の貧困率は五〇・八%と、日本の子どもの七人に一人が貧困とも言われています。若年層の貧困は、先進諸国の中でも最悪の水準となっています。

社会的弱者は自己責任でそうなったのだから、公的支援を期待すべきではないと突き放す政治は、社会全体にも同様な風潮を広げているような気がしてなりません。その一方で、七年八ヵ月もの長期政権となった前安倍政権は、自分の身内や味方には、公権力を使って便宜を図り、公金を使って厚遇するなど「政治」ともいえないような数々の疑惑を重ね、それらについての説明はないままで、何ら罪に問われていません。「法治国家」はおろか、「近代国家」とさえ呼べないのではないかと感じてしまいます。

「自助努力」を最初に国民に伝えるメッセージとするような政権トップが生まれる国に、明るい未来を感じろ、政治に興味を持て、というのは無理なことかもしれませんが、「政治に何も期待しない」という諦めは、人々の権利意識を奪い、健全な思考を停止させ、互いに助け合うという隣人への思いやりさえも、失っていくのではないかと危惧してしまいます。

前述のSNSを悪用した未成年者の誘拐では、同様の事件で多くの加害者が一様に「誘拐はしていない」と逮捕当時に供述しています。身分を同世代と騙(かた)ってSNSで親しくなり、小学生を含む未成年者を言葉巧みに県外などへ連れ出しておきながら、誘拐という犯罪の自覚がないというのです。

公権力や公金を私物化する権力者の罪に黙する社会では、自己の犯罪行為にも無自覚になる国民が増えても不思議ではないのかもしれません。公僕という概念を持たない政治家が、これだけ長期間、政権に鎮座している中で、「自分さえ良ければいい」と言う考えが、あまりにも蔓延してしまった気がします。

コロナ禍による給付金詐欺では、被害額は億を優に超えるようですが、気になるのは「気軽に」詐欺に手を染めてしまった加害者の多さです。安易に「お金が楽に入る」「ばれなければいい」「みんなやっているから大丈夫」と考えて、明らかに事業主ではない会社員や大学生が申請するケースや、自分だけでなく妻や父にも勧めて、一家で虚偽の申請により給付金を受け取った会社員の男性は、「詐欺」という言葉にビックリして、自首した後に返還したそうです。

大の大人が、自分の行為が詐欺に当たるかどうかの分別もつかないのか、と驚いてしまいますが、「いいことではないことはわかっていたが、〝みんなやっている〟と知人に言われて安心した。自分のしたことが、詐欺とまでは思わなかった」と供述していました。

強ければ何をしてもいい、ばれなければ何をしてもいい。

無自覚に罪を犯し、権力者の罪には目をつむって支持さえするが、他人の罪や社会的弱者には厳しいという、皮肉で歪んだ現実があります。こういった安易な自覚なき詐欺行為は、個人、事業主、企業問わず増えており、インターネットの普及が、その方法や被害を多様化させ複雑にしています。

何度も言いますが、思考停止は、検証する力を失くします。思考と検証がなければ、正しい判断などできるはずもありません。学歴も教養も常識もある社会的地位もある成人の大人が、普通に考えてわかるような驚くような、でたらめな工事を「大手企業だから大丈夫と思った」「インターネットで優良業者と紹介されたから」と言って大金を支払って契約しているのです。

私はインターネットの情報を鵜呑みにするな、自分で思考し、検証し、判断してほしい、と常々警鐘を鳴らしていますが、スマホ依存社会だけのせいではない根深さを感じて、大変危惧しています。

◆自覚なき被害者にならないために◆

我が国の建築史の中でも、これほど寿命の短い新築住宅が高い売値で量産された時代は、過去に例を見ないのではないかと思います。

そもそも、最近主流である新築住宅そのものが、構造的な欠陥を内包しています。軒のない家、屋根勾配のない家、比熱の低い建材を使った家が、どのようなことになるかは、これまでにもお伝えしてきました。そういった住宅では、最適な工事をしようがない、根本的な改善ができない、という不具合にたびたび見舞われます。

新築住宅が抱える問題に気づいていない業者、疑問に思わない業者は、従来通りの工事をしているわけですから、適切な工事などできないのも当たり前なのです。

業界のモラルの低下は顕著で、「この建物が、この先どうなるのだろうか」と言う専門家としての長期的な懸念を示す人はごく少数です。業界に携わるほとんどの人が、「売れさえすればよい」という目先の利益で（自覚なく）消費者を裏切る行為をしていると感じます。

そのような建築業界の中で、リフォーム業界の傾向としては、昔からある押し売り的な、明らかな悪質業者による不良工事は依然なくなりはしませんが、それよりも気になるのは、自覚なき加害、自覚なき被害の増加が顕著であることです。誤解を恐れずに言うならば、政治や社会の劣化がそのまま、企業の劣化、消費者の劣化に反映しているのではないかと感じています。


「思考停止」状態に陥ると、自身の財産に関わる契約などの重大な局面ですら、まともな判断ができなくなり、自分の財産でさえも守れなくなってしまいます。思考停止は、あらゆる分野で蔓延しています。本当に怖いのは、ひとりひとりがあらゆる権利を侵害されても、思考がストップして、おかしいことを、おかしいと感じることができなくなることです。

インターネットの普及に伴い、日常のあらゆるシーンで犯罪や不正は多様化し、従来のような悪者が犯罪に手を染める時代ではなくなりました。詐欺や自覚なき不良工事など、消費行動に関わる被害に遭うきっかけが、日常の中でとても増えていることに、消費者自身が自覚しなくてはなりません。せめて、自覚なき被害者にならないようにしてほしいものです。

そのためにも我々は、「深く考える」ということを、どのようなことを対象にしても、手放してはならないのではないかと強く感じています。

◆同じ失敗を何度も繰り返さないために◆

思考停止し、「大手だから」「インターネットに書いていたから」などと判断を別の何かに委ねる方は、**同じ失敗を何度も繰り返す傾向が顕著**です。

リフォームの失敗は、取り返しのつかないことになる可能性があるということは、これまでも何度もお伝えした通りです。仮に運悪く失敗したとしても、当然二度と起こさないようにすべきです。

しかし、当社に相談に来られる方の大半は残念なことに、なぜか同じ失敗を繰り返し何度も何度もしているのです。

インターネットで検索して、「紹介サイト」で決めた業者で失敗したから、じゃあ次はネームバリューで「やっぱり大手じゃないとな」と大手に依頼して同じような不良工事をされて失敗する。思考停止した、何かに委ねるという点で、全く同じ構図であることに気づいていないのです。検証なしの業者選定は、たとえ決め手が何であろうと、失敗するに決まっているのです。失敗しなかったとしたら、よほど運がいいという、運任せの選定方法でしかありません。

まだ長いローンが残っているのに、支払う必要などなかったはずの修繕費――、でたらめな不良工事による住宅の不具合を直す工事に、多額な費用をかけざるを得なくなった方を見るたびに、大変残念な気持ちになります。

また、お金をどれだけかけても戻らないようなダメージを、**工事業者によって**住宅に与えられてしまった方もおり、本当に気の毒ですが、心配なのは、そういったケースが近年、全く珍しいものではなくなってしまったことです。

大切な住宅のメンテナンスやリフォームで失敗しないためには、何かに委ねず、どれだけ迷っても自分で思考・検証・比較し、自分で判断することが何よりも大切です。少し面倒ですが、最低限の手間暇をかけて業者を選んでいただき、長く安心して住むことのできる財産を守ってほしいと思います。

■第四章　地球環境と住宅

この章では、環境と住宅との関係を検証してみましょう。まずはリスナーからの質問です。

◆シロアリ◆

Q　シロアリが発生して、シロアリ業者に駆除してもらいました。**定期的に薬剤を散布した方がよいと言われたが、そもそもシロアリが発生しないようにすることはできないのでしょうか。**定期的だとお金もかかるし、子どもが小さいので、人体への影響も心配です。

まさに、当社が目指していることです。「**そもそも、シロアリが来にくい住宅**」を、新築業者にも消費者にも建ててほしいのです。

「そもそも、雨漏りしない住宅」、「そもそも、塗り替えしなくてよい住宅」、このような住宅を建てることができるのに、わざわざ、築浅で、すぐ雨漏りするような、シロアリを呼び寄せるような、数年で塗り替えしないとならないような、経年以上に劣化するような、そのような住宅ばかりが建てられている悲惨な現状があります。

私たちは、リフォーム業で生計を立てている立場ですが、お客様が住宅にお金をかける時には、次に述べるようなリフォームにお金をかけてほしいと思っています。

・子どもの成長や暮らし方の変化に合わせた間取りに変える
・気分よく暮らせるようデザインを一新する
・古くなった住宅機器を新しくする
・不便な間取りや動線を改善する
・長持ちするよう適切な時期に、適切なメンテナンスをして、住宅の寿命を更に延ばす

そういった、喜びのあるリフォームをしてほしいのです。しかし、現実にはそうではありません。

雨漏りの修繕、**シロアリ被害**、**経年のせいではない劣化によるメンテナンス**など、本来であればかけなくてよいことにリフォームの費用をかけざるを得ない住宅が、あまりにも多くあります。しかも、新築時から選択を間違ってしまったために、根本的な解決が難しいケースが大半です。そのような現状を少しでも変えたいという思いで、この業界に身を

おいています。

ただ、厳密に言うと「シロアリが一〇〇%来ない住宅」というのを日本、特に九州で建てることは不可能です。

◆シロアリが来にくい住宅とは◆

シロアリ対策として最も有効なのは、「**シロアリをわざわざ呼び寄せない住宅。またたとえ来たとしてもそれほど困らない住宅**」**を目指す**ことです。

すなわち、「**シロアリの活動を活発化させない構造の住宅**」にし、シロアリが確認された時には「**点検が容易にできて早期に発見しやすい住宅**」で、万が一やられてしまった時には、「**駆除や修繕がしやすい住宅**」というのがベストです。

これは、当社が普段からお勧めしている「長持ちする健康住宅」そのものです。新建材を使わない、日本古来の伝統的な木造建築を、雨仕舞を考えて、水はけ・風通しよく建てればよいだけのことなのです。

一方、当社がお勧めしない、新建材を使った軒の出や屋根勾配の小さい（または、ない）近年主流となっている新築住宅というのは、この真逆になります。

そもそもシロアリとは、どのような生き物なのでしょうか。「シロアリ」と聞くと、自分の家の周辺には、一匹だっていてほしくないと思う方がほとんどでしょう。もし家の中で、一匹でも見つけたら「もしかして知らない間に我が家が食われているのか？」とパニックを起こす方もいます。

残念ながら、自分の家の周辺にいてほしくないという願いは、ほとんど叶いません。なぜなら、私たちの住宅は、シロアリが住んでいるに決まっている、**地面**の上に建っているからです。岩盤の上に建っているとか、宙づりになっているような住宅に住んでいるとか、虫の生息が少ない高地に住んでいるとかなら別ですが、土はもともとシロアリの生活圏であり、その上に私たち人間が、勝手に住宅を建てているようなものなのです。

◆シロアリは蟻ではない◆

シロアリは、アリと名前が付いていますが、アリとは違う昆虫で、アリよりもむしろゴキブリの仲間に近く、高度な社会性を発達させた生き物です。シロアリとゴキブリの共通の祖先は、約三億年前に地球に現れ、一億数千万年前、恐竜が栄えていた頃にゴキブリと進化が分かれたと考えられており、現在、約三千種類が確認されています。私たち人類の歴史よりはるかに長く地球にいる大先輩です。

二〇二二年十一月に世界人口は八〇億人に達しましたが、現在地球上に生息するシロアリの推定値は二四[※]京匹です。アリの推定値は一京匹とされていますが、更にそれを超える推定値です。

※京……命数で兆の次。万→億→兆→京

日本に棲むシロアリで、住宅に被害を与えるシロアリは、土壌性シロアリで、普段は土の中に住んでいます。シロアリは、他の多くの昆虫のように花の蜜や樹液、植物の葉や新芽を食べるのではなく、他の昆虫があまり利用しない植物の老化部分、つまり硬い繊維質を利用して生きています。いわば自然界の掃除屋・分解屋と呼ばれ、死んで役割を終えた木を分解して他の生物が利用できるようにすることで、土に還し**土壌を肥やす**という大きな役割を担っています。

また、シロアリが地下で蟻道を作り活動することで、地中に空気が循環される上に土が耕されることや、春〜夏に羽アリとなって一斉に飛び立つ際には、他の生物へのタンパク質の供給源となるなど、人間が知り得ているだけでも生態系の中で様々な役割を担っています。私たち人間の一方的な視点で見ると、住宅や農作物への被害を語る時には「害虫」ですが、違った側面から見ると「益虫」でもあるのです。

そのため、「シロアリ駆除」をする時には、「この住宅に害を及ぼすシロアリのコロニー（集団）を駆除する」と考えなくてはなりません。周辺のシロアリまで、予防的に根絶やしにしてやろう、などという考えは持ってはならないのです。

◆シロアリの好物は木？◆

シロアリは、一般的には「木を好む」と思われているため、シロアリが来にくいようにするには「木造住宅を避ければよい」と思っている方が多いのですが、これは大きな誤りです。

意外に思われるかもしれませんが、**シロアリ被害は木造住宅に多いわけではなく、サイディングやガルバリウム鋼鈑など、木ではない、いわゆる新建材を使った住宅の方が、圧倒的に多い**のです。これは、近年そのような住宅が主流となり、単にそれらの住宅の数が増えたためとも考えられますが、それにしても木造住宅がやたらと狙われる、選ばれるというわけではないということは明らかです。

シロアリ被害の多い地域で、軒並みやられているのがサイディングやガルバリウム鋼鈑を使用している住宅ばかりで、木をふんだんに使っている木造住宅だけは、無事だったというう皮肉なケースは、珍しいことではありません。実は**このことを知っているシロアリ業**

者は結構多いのです。

しかし、実際にサイディングを使って新築を建てるハウスメーカーなど新築業者は、全く自覚がありません。なぜなら多くの新築業者は、建てたら建てっぱなしで、建てた住宅のその後を全く知らない（知ろうともしない）からです。

新築業者のタテマエでは、「メンテナンスいらず、シロアリや地震に強い」といって売り出される新建材を使った近年主流の新築住宅ですが、残念ながら**全くの逆**なのです。もちろん、**本音**はコストが安いことに他なりません。

サイディングやガルバリウム鋼鈑を使った住宅のシロアリ被害では、その構造体などに使われる木材の部分や断熱材などをボロボロに食われてしまうのです。また、こういった住宅でのシロアリ被害は、壁体内部など密閉された空間で被害が進行するため、木造住宅に比べると住人が、なかなか気づきにくいという大きな弊害があります。

単なる劣化によるメンテナンスのつもりで、サイディングの張り替え工事をしたところ、サイディングを剥がしたらシロアリだらけだった、というケースは珍しくないのです（そもそも、メンテナンス不要、劣化しないという謳い文句のサイディングのはずですが……）。

◆高気密・高断熱住宅はシロアリを呼びよせる？◆

例えば、昔の大工さんが住宅を建てる時に、何を考えながら建てていたかというと、雨仕舞・水はけや風通しなどを、必ず念頭に置いて建てていたことがわかります。雨が多く、湿度の高い日本で、雨水と高い湿度が建物に与える影響を軽減させるために、どのように工夫するか、という観点は非常に重要で、昔ながらの建て方や建材を見ると、その観点で様々な工夫がされていることがわかります。

一方、新建材を使った住宅では全くの逆で、その土地の条件に合わせた、いわゆるオーダーメイドの一軒一軒の工夫は、手間が掛かるうえに大工職人が必要なため、大手ハウスメーカーは、これを嫌いました。効率よくたくさん建てて、大きな利益を上げるには土地に合わせた住宅作りなど無視し、同じ規格で一律の「誰でも建てられる住宅商品」をどのような立地であっても構わず建てるという方法を採りました。

仮に、一律の住宅商品にするにしても、必要最低限、日本の気候に合った住宅商品にしてくれていれば、まだマシなのですが、実際には、たとえ**どんなに条件の良い土地であっても長持ちしそうにない住宅商品**でした。そして大手ハウスメーカーに追随して、地方の建築会社や小さな工務店までそれにならい、瞬く間に主流となったのです。

これらの住宅が昔ながらの住宅と決定的に違うのが、**高気密・高断熱**を目指して建てられていることです。また、住宅にとって重要な役割を担う〝床下〟や〝屋根裏〟がないか、あったとしても非常に狭く、建材や建て方を見ても湿気を逃がす工夫はなく、通気は二四時間換気システムが前提とされた機械だのみで、構造にはまるで期待できません。通気が断たれているというのは、住宅の寿命と住む人間の健康の面からも、シロアリ対策の面でも致命的な欠陥なのです。

◆シロアリは食べ物の好き嫌いをしない◆

シロアリは、一般的には湿った木を好むと言われていますが、実は湿った木も、乾燥した木も、樹木の種類も問わず、木でなくても何でも食べます。進行方向にあるものを食べながら進むのであって、好きな食べ物（好みの木材）の方に進むわけではないのです。

なんと、コンクリートも食べます。もちろん、顎でかじるので、硬いものは食害が進行するには時間がかかります。硬いものより軟らかいもの、また乾いた木より湿った木の方が、やられている範囲が広いケースが多いのは、単純に、軟らかいものの方が食べるのに時間がかからず、被害の進行が速いからです。ちなみに、**コンクリートは、シロアリにとっては、それほど硬くありません**。

「**何を好んで食べるか**」**より、「どういう環境であるか」**の方が、**シロアリにとっては、はるかに重要**です。そのため、**食べられやすい建材を使わないという意味で、木造住宅を避けるのは、何の意味もない**ということになります。

それどころか、シロアリが好まない環境になるような住宅を建てるという観点から考えた場合、結局は伝統的な木造住宅が最良という選択になるのです。

シロアリは毒であっても好き嫌いせず食べるうえ、互いの身体や糞を食べたり、食餌をシェアするため、毒を盛ればコロニーを全滅させることが可能です。住宅への侵入が認められた場合、ターゲットのシロアリに毒を盛るのは容易なことではありませんが、駆除方法としては、殺虫剤を広範囲に撒き散らすよりは効果的です。

駆除や予防に使われる殺虫剤は、使わざるを得ない状況では選択の余地がありませんが、できるなら使わずに済むに越したことはありません。なぜなら、これまでもシロアリ駆除や予防に使われた殺虫剤は、たびたび薬害問題を起こしてきました。「国が認めているので安全です」という業者の「安全」には、何の保証もないということは、この国の公害や薬害の歴史が物語っています。

被害が出てから、被害と原因の因果関係が立証されるまでに、多くの犠牲を生んでから、またかなりの年月が経ってからでないと使用禁止にはなりません。現在認可されて主流となっている殺虫剤が、「今使える」という事実は「まだ使用禁止になっていない」ということでしかありません。

撒いた薬剤による影響は、取り返しがつきません。あとになって、重大な健康被害がわかったというようなことが絶対ない、絶対安心などとは、誰にも言い切れないのです。

◆シロアリ駆除剤とは、どのようなものか◆

シロアリ駆除剤の歴史は、環境汚染と健康被害と、切っても切り離せないものです。

一九五〇年代に主流であった有機塩素系薬剤は、分解されにくく半永久的に効果がある一方で、深刻な土壌汚染が問題となり一九八六年に禁止となりました。

その後一九八〇年代からは、有機リン系薬剤が主流となりましたが、使用の拡大に伴い住人の健康被害が平行して拡大しました。床下への散布により室内の空気が汚染されて、シロアリでなく住人が建物から逃げ出すような事例が発生して問題となり、二〇〇三年に使用禁止となりました。

いずれも、被害がわかってから禁止となるまでには、長い年月がかかり被害者を苦しめ、その間にも使われ続けて、新たな健康被害を生むという点で、薬害や公害問題と共通しています。

現在では、**ネオニコチノイド系**のものが最も普及しています。ネオニコチノイド系農薬（殺虫剤）は、一九九〇年代に登場し、現在世界で一番使われている農薬（殺虫剤）といわれています。

ネオニコチノイド系農薬が市販され始めた当初、長期的な毒性やヒトを含む生態系への影響は、ほとんどわかっておらず、安全性が明確に示されないまま、農業をはじめ家庭用の害虫駆除剤やペット用に幅広く、大量に使われてきました。

しかし、ネオニコチノイド系農薬の使用拡大と同時期に、世界各地でハチの大量死が相次いで報告され始めました。ハチは農業を行ううえで、重要な役割を担う花粉媒介昆虫であることから、ヨーロッパではいち早く二〇〇〇年代初頭から使用を規制する動きが始まりました。

二〇一三年、**ＥＵは登録されているネオニコチノイドの、主要五種の内三種を原則使用禁止とし、フランス・オランダでは全面禁止**としています。この決定は、科学的証拠では十分ではないものの、環境と生命に多大な影響を及ぼす可能性が高い、と想定される場合に適用される『**予防原則**』に基づいたものです。その後、韓国は二〇一四年にＥＵに準拠して三種を使用禁止に、アメリカは二〇一五年に四種に使用制限をかけ、トルコは二〇一八年に三種を使用禁止にしました。

二〇一五年二月には**米ハーバード大が、世界中で発生しているミツバチの大量失踪・消滅が、ネオニコチノイド系農薬に起因するものである**ことを科学的に突き止めたとニュースになりました。ハチの大量死だけでなく、赤とんぼの激減の原因の一つともいわれており、鳥類や哺乳類への影響に関する報告をはじめ、神経発達障害など人間への影響も徐々に明らかにされつつあります。

このように各国では規制が進むその一方で、**日本では厚労省が二〇一五年五月一九日、ネオニコチノイド系農薬（殺虫剤）の食品残留基準を大幅に緩和**するなど、世界に逆行している状況です。その数値は、ヨーロッパ各国の数倍から数百倍に達することから、日本の生態系や人体への影響が懸念されています。

安全で無害な殺虫剤などというものは存在するはずもなく、できることなら使わずに済むのが一番であるというのが、当社の考えです。

◆シロアリ駆除は必要悪、定期的にするものではない◆

もちろん、現在既に住宅にシロアリが侵入してやられている、といった場合には、選択の余地も猶予もなく、進行を防ぐためには早急に駆除するしかありません。その場合、シロアリの種類が何なのか、コロニーの大きさや、どこでどのように活動しているかの全体像、住宅への被害がどれくらい進行しているかを調査して、それに合わせた対処を選択しなければなりません。具体的な駆除の説明は、状況に応じて多岐にわたるため、ここで述べることはしません。

しかし、シロアリ被害が心配だからといって「予防のために定期的に薬剤を散布しましょう」という話には、当社は賛同できません（攻撃的で勢力拡大型であるイエシロアリが活発に活動している地域で、周辺にコロニーがあるが、自分の土地ではないから駆除できない、というような場合の予防は例外です）。

※シロアリの種類……日本で住宅に被害を与えるシロアリは主にヤマトシロアリとイエシロアリです。生態と性質には違いがあり、軍隊でいうとイエシロアリは正規軍で、ヤマトシロアリはゲリラ軍に例えることができ、イエシロアリには特に注意が必要です。どちらのシロアリが侵入しているかによって、

駆除の方法や規模も変わってきます。（『住宅が危ないシリーズ「床下」が危ない』神谷忠弘著（エクスナレッジ）、『岩波科学ライブラリー　シロアリ』松浦健二著（岩波書店）、『シロアリと生きる～よそものが出会った水俣～』池田理知子著（ナカニシヤ出版））

住宅にシロアリが来ていることが確認できたわけでもないのに、定期的に床下に薬剤を撒くなどというのは、風邪をひいてもいないのに、風邪予防と称して風邪薬を飲むようなものです。元気なのに、そんなことをする人はいないでしょう。かえって健康を害する事になります。風邪をひきたくなければ、普通は健康に気を遣って食事や睡眠、適度な運動などを心がけるものです。住宅にとっての健康に気を遣う行為というのは、雨仕舞・水はけや風通しを改善する、調湿性を高めることに他なりません。

地中に当たり前にいるシロアリのために、住人の健康への不安と引き換えに、薬剤を撒き続けるより、地中のシロアリを地上の人間の居住部分へ呼び寄せる住宅の構造になっていないか、そうであれば改善できないかに取り組むべきです。

◆シロアリの好物は密閉空間◆

シロアリの祖先は、およそ三億年も前から地球上に生息していたと言われています。二四京匹という推定値と、その途方もない長い年月からすると、〝君臨〟しているといってもよいシロアリには、あまり弱点がありません。小さな虫が大群となって住宅の基礎や構造を食い荒らし、倒壊させることもあるシロアリは、無敵のように見えます。

しかし、実は**光を嫌い、風など空気の動きに対しては非常に敏感で弱い**という特徴があります。光と風雨に弱いため、密閉空間を好み、普段は天敵に遭遇しにくい地中で活動しているのです。

また、自然界でのシロアリは、地表での活動をほとんど行いません。地表というものは、※蟻道を構築するには、あまりにも軟らかく不確かだからです。雨が降れば流されるし、外気の動きはシロアリにとって強烈です。そのうえ、地表にはアリやムカデといった徘徊性の天敵が多いこともあげられます。

※**蟻道**……土壌や木材のカスにシロアリの排泄物・分泌物を練り合わせたものを塗り固めて作る蟻道。

床下のコンクリートや木材に沿わせるようにくっつけて作ることが多いため、基本的に半円形をしている。シロアリは光や風を嫌うため蟻道の中を移動する。(出典:「シロアリの〝蟻道〟とは? 建物にはこうやって侵入する!」シロアリ1番! https://www.shiroari-ichiban.com/contents/column/gido-termites-road/)

自然界のシロアリは大きな石や倒木の裏側、あるいは木の根や硬さの異なる土の境目などに沿って、トンネルや蟻道を作って活動します。蟻道を軟らかな地表に構築するには、かなり壁を厚くしなければならず、そうなると多くの時間と労力が必要です。ところが、**硬いものに沿って蟻道を作ると、蟻道自体は軟らかくても硬いものが壁となって安定させてくれるため、活動が速くなります**。

昔ながらの独立基礎は、柱の下に束石を置き、そこ以外は土のままでした。床下空間は人が潜れるくらいの高さがあり、通気性に優れるのでシロアリの苦手な空気の流れがあり、仮にシロアリの被害があれば、難なく早期に発見・対処できました。また土があるため、シロアリの天敵であるアリやクモなども生息できることから、シロアリが地中から上がってくるにはリスクがありました。

一方、「シロアリが地中から上がってこられないように」という理由で、近年主流になっているベタ基礎や布基礎では、鉄筋コンクリートや防湿コンクリートで土の表面を覆います。

この、人間が作った土の上の**平らなコンクリートの層は、蟻道を作るうえで必要な硬さと密閉性とそして〝保温〟をシロアリに与えてしまった**のです。


こうしてシロアリは、皮肉なことに住宅業界が間違ったシロアリ対策をした結果、コンクリートの板の裏側に沿っていけば、風雨や外敵から守られたまま自由に活動できるという環境を手に入れました。

仮に「コンクリートによる密閉空間」が〝完全〟であれば、シロアリはそこから出ることができません。これを採用した住宅業界が期待したのは、そうなることでした。しかし残念なことに、シロアリの環境を良くするため、すなわち保温効果と外敵から守るためという意味では〝十分な密閉空間〟となりましたが、シロアリの行く手を阻むという意味では〝不十分〟でした。それどころかコンクリートの存在は、シロアリを地中から地上の住宅に誘導する役割さえ担うことになってしまったのです。

◆シロアリ対策に期待されたコンクリートの落とし穴◆

シロアリは原始的な生物であって、目がなく何かに沿って進み「触れたものをかじる」という遺伝的なプログラムで行動しています。進むためには、ある程度しっかりした沿うものがある方が進みやすく、コンクリートの覆いに生じる小さな亀裂は、彼らの進みやすい道になります。また、**保温されて活動が活発になることでシロアリの数が増え、行動範囲を拡大**します(逆にいえば、いくら大好物の木材をふんだんに使って建てていても、活動が活発になることがなければ、侵入してくることはありません)。

その点でコンクリートは、シロアリの大好物ではないかもしれませんが、シロアリにとっては保温してくれるうえ、進行方向を決めてくれるものとして、非常に都合がよいのです。シロアリは、コンクリートと他のものの隙間に、導かれていくのです。

広い庭の隅で放置されたベニヤ板や、森で大きな石などをどかしてみると、シロアリがうじゃうじゃいてビックリしたことがある人もいるのではないでしょうか(軽い落ち葉や小枝が落ちている程度の地表で、うじゃうじゃしているシロアリの集団というのは、あまり見たことがないはずです)。

シロアリは、ただそこに何となくたむろしているわけではありません。硬い板を少しずつ食べながら、それに沿って進むことで、普段なら蟻道を作らないはずの地表（と板や石の間）に、蟻道を作っているのです。その板や大きな石のような役割を、基礎を覆うコンクリートが果たしてしまうのです。

床下に通気がなく、コンクリートで覆い閉鎖的に作られている住宅では、外敵もいません。**シロアリの苦手な風雨がなく、外敵もいない状態で更に〝餌〟まで与えられているのが、ベタ基礎と布基礎の構造**なのです。

◆ベタ基礎と布基礎の弱点・断熱材が餌になる◆

普段、地表はシロアリの活動領域としては条件が悪いため、**地中では主に水平方向に蟻道を作り活動**しています。地表には、シロアリの弱点といえる外敵と風雨がありますから、そこにわざわざ出てくることはありません。しかし、地面の上に住宅が建つことにより、地中から地表へ移動する条件が整ってしまうことがあります。

その条件は、コンクリートに覆われることにより保温されて、地表付近が温かい環境になることです。シロアリは、美味しいものを求めるわけではなく、良い環境を求めて移動します。そして温かな環境はシロアリを活発にさせ、数を増やします。数が増えて余力ができることは、**コロニーの拡大**を意味します。コンクリートに沿って裏側を移動すると、断熱材に行き着きます。シロアリの進行方向を、水平方向から地上へと方向転換させる決定的な要因となるのが、**垂直方向に食べやすい断熱材がある**ことなのです。

断熱材が、なぜシロアリの餌となり通路となるのでしょうか。それは**シロアリの好物というわけではなく、硬さが食べるのにちょうどよいうえ、壁体内部が食べ進み蟻道を作る間、数少ない弱点である外敵や風雨から守られているから**です。

近年主流となっている住宅は、いったんシロアリの被害が出た場合、シロアリの駆除や被害部分の修繕が、しにくいという大きな欠点があります。従来の木造住宅と違って、早期発見しにくいために、知らない間に進行してしまううえ、やられた部分を取り替えるのも容易ではないのです。

このような住宅の場合、**床下に容易に潜れない構造が多く、作業は困難を極めます**。また、床下に潜れたとしても、断熱材の内部で活動するシロアリの蟻道や個体は、内装材を剝がさないことには、外部からは確認することができません。シロアリの蟻道や個体を確認したわけではないのに、内装材を剝がして断熱材が無事かどうか確認する人はいません。

一階の屋根に到達し、天井や梁などに被害が出た時に、初めてシロアリ被害に気づくのですが、その時には、基礎も壁体内部の断熱材もかなり被害が進行しています。伝統的な木造住宅であれば、住人が知らないうちに、これほど被害が進行するということはまずありません。

◆築一六〇年以上の木造住宅に学ぶ◆

当社が以前、大規模修繕を行った築一六〇年を超える伝統的な木造建築住宅は、修繕するにあたって床や壁材を剥いで躯体の構造をみたところ、解体前の一般的な想定を超えて、驚くほど傷みが少なく見事な状態でした。基礎の太い柱も梁も、想像以上に良好な状態でした（一方で、**近年主流の住宅は、剥いでみると驚くほどの経年劣化以上の傷みに見舞われているということが**多くあります）。

また、シロアリ被害の痕跡もありませんでした。この一六〇年以上の間、定期的な薬剤散布を行ってきたわけでもなく、シロアリの生息していない地域というわけでもありません（北海道のごく一部以外、日本中が生息地域です）。

もちろん、土の下には、シロアリがたくさんいるに決まっていますが、**土を境に棲み分けができている**のです。

臼杵市K邸　構造、床下、柱、梁の写真。ちなみに、この伝統的な木造建築住宅の持ち主は、修繕・維持するか建て替えするかで迷っておられました。この建物を調査した数社のハウスメーカーは全て、この建物を取り壊して、新建材を使った住宅に建て替えることを提案していました。（著者撮影）

雨漏りする住宅は、シロアリに弱いという説があります。また、床下の温度が温かい、もしくは湿度が高い住宅は、シロアリ被害が多いという統計もあります。正確なデータや因果関係はともかく、リフォームの現場に携わる人間は、肌感覚でそう感じている人は多いと思います。私も長年の経験からそう実感しています。

この説や統計からいえるのは、雨仕舞・水はけ、風通しをきちんと考えられている住宅は、当然のことながら、雨漏りが少ないうえ、シロアリをわざわざ呼び寄せることは、少ないという事実です。

◆日本の気候に合った住宅◆

旅行に行く際、おしゃれが好きな人は、当然おしゃれするでしょうが、暑い国に行く場合は、暑さや室内の冷房に備えた服を選びますし、雪国へ行く場合は、防寒着やインナーなど寒さに備える服を選びます。行く国の気候に合わせるのが普通で、デザインのみで服を選ぶ人はあまりいません。

しかし、住宅のこととなると、その土地の気候のことを軽んじる人がとても多いことに驚きます。

日本に住宅を建てる以上、雨仕舞、湿気対策など日本ならではの気候を考えることは、デザイン以上に真剣に向き合わないといけないことです。雨が降ったら住宅自体がどうなるか、屋根勾配や軒は、きちんと雨仕舞ができているか。建材選びから構造まで、雨仕舞や湿気対策に無関係なものはないのです。内装であっても、調湿作用という健康な住環境のために重要な要素を担っています。

また、雨が降ったあと、住宅を速やかに流れ落ちたあとの水がどうなるかも重要です。降り注いだ雨水は、敷地のどこに流れて、どうはけていくのか、新築業者やリフォーム業者は、そこまで考えなくては建築のプロとはいえません。

ある意味、住宅を建てる時、それさえ真剣に考えていれば、そうそう失敗はしないはずなのです。

ほとんどの消費者は、利便性という意味での立地条件、日当たり、間取り、デザイン、予算などのことは真剣に考えていますが、日本の気候に合った構造や建材という視点は、持っていないのが普通です。気候といえば、せいぜい雨が降ったら、この家ではどこに洗濯物を干せばいいのか、といったことくらいでしょう。

しかし、たとえ素人の方がそうであったとしても、その方に住宅を売ろうとしている「プロ」、建てる「プロ」は、そうであってはいけないはずです。現実には、素人である消費者と一緒になって、日当たりやデザイン、予算のことなど表面的なことや、契約が取れるかどうかばかりを考えて、家を建てる・売るという行為を漫然としているのが、日本の住宅業界に携わる者たちの大多数なのです。**素人同然の営業マンが、住宅という商品を売**

り、リフォームという商品を売っているのです。

◆人間でいうと健康な状態。住宅でもそれを目指す◆

住宅は、医療と同じことが言えます。医療では、医者いらず薬いらずの健康体が理想です。薬漬け、医者に依存している状況より、風邪をひいたら養生して自己治癒力で回復するのが健康な状態です。

住宅も同じで、**塗装やシロアリ駆除は、緊急の外科手術のようなものです。**こうした事態に対応せざるを得ない状況の時は、致し方ないですが、手術ありきではなく、可能であれば生活習慣や食事などを根本から改善する方が、より健康になるためには、遠回りのように見えて実際には近道になります。

また、当然のことながら、緊急の外科手術である塗装やシロアリ駆除は、正しい施工がされなければなりません。

◆シロアリが来にくい・好まない建て方は、良い住宅の建て方◆

「シロアリが来やすい住宅」というのは、美味しい餌場を探し求めて遠くから飛んでくるシロアリが、喜んで飛びつくような住宅のことではありません。またシロアリは、じめじめした木に、どこからともなく湧いてくるものでもありません。

「**シロアリが来にくい住宅**」というのは、どこにでも当たり前にいる地中のシロアリが、土の上の住宅部分に上がって来にくい住宅ということになります。

既に建っている住宅に対して、シロアリを呼び寄せないようにするには、どうしたらよいのか、住宅にはあらゆる観点から雨仕舞・水はけと風通しが大事なのは、シロアリ対策においても同じです。

但し、その住宅によって雨仕舞・水はけと風通しを改善する方法は、住宅ごとに違います。そのため、改善するにはこうすれば大丈夫、という正解は一つではありません。電話やメールで答えられるものでもなく、現地に行って、調査しないことには、わからないことは言うまでもありません。

しかし、**考え方の正解は一つ**しかありません。方法は状況によって、どれが正解になるかが変わってくるため、一番正解に近いものを探し出す作業が必要です。これには、**施工に携わる者の考え方が正しいことが最も重要**です。あとは経験と予測すること、知恵と工夫が必要です。これらは特段、新しい技術でも当社の発明でもなんでもなく、先人の知恵に倣えば良いことがほとんどです。

◆業界の問題◆

日本の気候に合った住宅は、長い年月をかけてゆっくりと進化してきました。しかし、戦後復興期から高度経済成長期にかけて失われたものが多くあります。海外の住居スタイルやデザイン、海外から取り寄せた材料、それを模した新建材などが、日本の住宅を変えてしまいました。

売れさえすれば何でも良い、という大手ハウスメーカーから工務店までが、利益重視のなりふり構わぬ「経済優先路線」をひた走り、日本の住宅業界を根底から崩壊させてしまいました。

住宅・リフォーム業界の劣化の大きな要因の一つは、先人の知恵が断たれたことと、安易な分業化が進んでしまったことだと考えています。分業の良さは本来、全体像を見て管理する人間がいて、それぞれの役割をする人間全体を把握しつつ、それぞれの専門に集中できることでした。しかし、**全体を見るはずの現場監督やトップまでもが、単なる分業の一員となってしまい、全体を見る者がいなくなってしまった**のです。

本来の良さを失った分業は、関わる人間の思考を停止させ、経済優先はそれを加速させ、伝統的な住宅建築に携わってきた職人たちの技の継承の多くが断たれました。効率重視が行き過ぎた住宅建築の現場では、熟練した職人であっても、作業員になることが求められたのです。

◆消費者の問題◆

残念ながら、大小問わず大半の住宅・リフォームに携わる業者は、「お金になる仕事」「要望を受けた仕事」を、ただ漫然とすることがほとんどで、その住宅が長持ちするのに、本当に必要なことは何か、それに対して費用を抑えて大きな効果が生まれるやり方は他にないか、というような視点を持っていません。

目の前のお困り事を根本的に解決するよりも、より大きな利益を生む方や定期的な収入になる方をお勧めする業者がほとんどで、その結果、ご質問のようなケースは「定期的に薬剤を散布しましょう」とマニュアル通りに言われてしまうのです。

定期的な防蟻処理をしていない木造住宅で、シロアリが一度も発生したことがない、という古くても立派な木造住宅があるその一方で、定期的に薬剤を散布していたが、止めたとたんにシロアリにやられたという住宅もあります。一概に「こうすれば大丈夫」「こうしなくては大変なことになる」などということはできないのです。

しかし、消費者は安易な「安心」を「手軽」に求めます。「すぐに効果が得られる」というようなモノに飛びつきます。自分で知ろうとする・調べる手間をかけず専門家にお任せにして「安心」という商品を買おうとすれば、いい加減で、とりあえず「お金になる仕事」を求めるような業者を呼び寄せてしまうのです。

◆どう生きるかをシロアリに学ぶ◆

シロアリ問題に限らず、現地調査で一つの住宅を目の前にした時に、当社が最も大切にしているのは、「なぜか？」を考えることです。

・なぜ、シロアリが来たのか？　を考える。
・なぜ、雨漏りしたのか？　を考える。
・なぜ、これほどの劣化が進んだのか？

その「なぜ?」がないことには、根本的な解決法など何年かかったとしても導き出せないのではないかと思っています。

シロアリを呼び寄せるような構造の住宅を建てておきながら、シロアリにやられたら駆除し、出ないよう定期的に防除して、殺虫剤まみれの住宅に住み、更には庭の雑草が生えぬよう除草剤を撒く。

このような人が、近年大変増加していると感じます。

「現代人の虫嫌いは、都市化に原因」という説を、東大の研究グループが明らかにしました。現代人の虫嫌いは、大学でも研究されるほど加速しているようです。

例えば、地球環境で考えたら、「草木が生えることができず、虫のいない惑星に住みたい」とか、地球にそうなってほしいという人間は、まずいないはずです。誰もが、「緑豊かで、生物の多様性があり、空気も水もキレイ……そのような地球環境であってほしい」と口を揃えて言うでしょう。

また、「自然破壊」と聞くと、人類全体の行為の結果であって、自分個人の行為とはあまり関係ない、またはどちらかといえば、自分は自然を大事にしていると自負している人も多くいます。しかし、実際の行動は、どうでしょうか。

自分の口に入るものには気を遣う方、例えば無農薬の野菜は、高いお金を出して買うのに、土壌汚染などは一瞬たりとも考えもせず、除草剤を庭先に撒く人がとても多いことに驚いてしまいます。

一見、自然派の生活を求めているかのような、ガーデニングや家庭菜園を趣味にしている方でも、抵抗なく農薬や除草剤を手軽に使う方が多くいます。

そのうえ庭の雑草でお困りの方のほとんどが、庭に虫が出ることがイヤだ、と口を揃えて言われます。共働き家庭が増えて忙しいため、草むしりができなくなった庭の草木がボーボーになり、虫が出てくるのを何とかしたいというのです。そのためには、草が生えてこないようにして、手入れが大変だから樹木も伐採して人工物のフェンスにしたい、と言います。

その中で気になるのは、**自分の庭に草木が生い茂ることで、隣近所の迷惑になると考えている方が多い**ことです。スズメ蜂の巣でも、自分の家に発見したならわかりますが、虫全般についても同様に言えることなのです。庭の草木の手入れが行き届いているかどうかを、ご近所さんから厳しい目で見られていると感じている人が、かなり多いことに驚きます。

私たちの多くは、森の中で生きているわけではありませんが、住宅地であっても、まぎれもなく地球環境の中に含まれています。昆虫や生物のいない住宅地などというのは、到底現実的ではなく、人間が住みやすいはずがないのです。

生物の多様性というのは、ジャングルや森、山の中に限ったことではありません。人間が多く自然が少ない都市部や住宅地に、タヌキやイノシシが繁殖して増えるのは不幸なことですが、昆虫や土中生物などは、森林か都市かの垣根なく当たり前にいるべき存在です。

◆地球の未来　シロアリと共存する生き方◆

仮に、今瞬時にシロアリが地球上から一匹残らず絶滅したら、どうなるでしょうか。私は次のように危惧します。

- ・森で死んだ木が分解されず、そのままの姿で腐るだけになり、雨で転がり川をせき止め、里に洪水を引き起こすかもしれません。
- ・死んだ木が分解されて栄養に還ることがなくなり、土壌はやせて干ばつが起きるかもしれません。

・シロアリを栄養源にしている数種、数百種の生物が、絶滅の危機に瀕し、更にその生物を捕食する大型動物が飢えるかもしれません。
・絶滅する種がある一方で、それらを天敵としていた生物は、大量に増えるかもしれません。

今ある地球環境、生態系が大きく崩れることは火を見るより明らかです。その影響は、私たち人間が想定できる範囲をはるかに大きく超えるでしょう。

シロアリは、死んだ木をかじって分解して糞にし、他の生物が利用できる形にして生み出しています。彼らは、黙々と、その仕事を、森であろうが住宅地であろうが休まずしているわけです。

それでは私たち人間は、自然界で何を生み出しているでしょうか。

イギリスの総合学術誌『ネイチャー』によると、二〇世紀初頭、地球上の※人工物の総重量は三五〇億トンで、それは生物の総重量の約三％でした。現在、その重量は、約一兆一千億トンを超えて、年間三〇〇億トンずつ蓄積されているそうです。

※人工物とは、コンクリート、ガラス、金属、ペットボトル、衣服、コンピュータなど。

私たちは、いびつなほどに発展し過ぎた消費社会の消費者であると同時に、地球に生息する一個の生命体でもあります。便利で快適な暮らしを追い求めるあまり、他の生物を苦しめる存在になってはいないか、日常の中で立ち止まって考えなくてはなりません。実際に、他の生物にとっても、地球環境にとっても、人間は破壊と殺戮の存在です。

人間は、知能が高い生き物だと自負するのであれば、私たちはそろそろ虫をたくさん殺すこと、草や自然を嫌うことは、自分の首を絞めることと同義でもあることに気づかなくてはなりません。科学者やどこかの賢い人が、いくら論文を発表して、警鐘を鳴らしても、私たちひとりひとりが考えて行動を変えなくては、この地球規模の危機である自然破壊や気候変動を食い止められるはずもありません。

「害虫」とは、一体何なのか、「駆除」とはどういうことなのか、を考える必要があるのではないでしょうか。もちろん、シロアリがいることを放置しろといっているわけでは、決してありません。**人間とシロアリの生活が出会わないよう、住み分ける方法を探すことが最も重要**なのです。

「**シロアリ駆除」の先には、「絶滅」や「撲滅」ではなく、「住み分けて共生」する、そういった考えで取り組むことがシロアリ問題の解決の近道であり、また唯一の方法であると**

考えています。

◆除草剤・殺虫剤について◆

Q　北斗さんへ質問して解決するかわかりませんが、庭にムカデ用の殺虫剤や除草剤を撒いていいのかどうか悩んでいます。庭で孫が遊んだりするし、犬も飼っているので、**殺虫剤**や**除草剤**などを撒くのには抵抗があります。しかし、雑草の手入れが大変で、虫の多い時期は虫害にも困っています。

庭先に薬剤を散布することへの抵抗感は、とても真っ当な感覚であると思います。その感覚は大切にしてほしいと個人的に思っているところです。

ご質問にあったムカデ用の殺虫剤の主成分は、ジノテフラン（**ネオニコチノイド系**）、カルバリル（カーバメート系）の二つです。そして、農薬・除草剤は現在**グリホサート系**のものが簡単に手に入るようになっています。どちらも健康への被害が問題となって世界的に規制が進んでいますが、日本では野放しどころか、規制が緩和されて使い放題となっている状況です。（殺虫剤ネオニコチノイド系については本章Ｐ２２６『シロアリ駆除剤

とは、どのようなものか』参照)

◆日本とヨーロッパの比較◆

殺虫剤や農薬への抵抗感が、日本人は意外に少ないと言われているそうです。確かに、そう言われてみると無農薬野菜、オーガニック、有機栽培の売り場がないスーパーは珍しくありません。無農薬野菜などは大変高価で、なかなか庶民の食卓には登場しにくい面もあります。

有機農業を頑張っておられる農家さんもいますが、多くの消費者の意識がそこに向いておらず、需要が多いとはいえません。求められていなければ、価格は下がらず流通しにくいのも事実です。オーガニックのブームは、確かにありましたが、長引く不況に追い打ちをかける増税による消費の冷え込みなど、一般庶民の暮らしは苦しくなる一方で、無農薬野菜などはごく一部で関心が高く、なおかつ余裕のある人向けといった様相です。

一方ヨーロッパでは、食品の安全や農薬などに対する関心が高く、有機農産物、有機加工食品は「※ＢＩＯ（ビオ）」の名称で消費者に広く浸透しています。農業大国でもあるフランスや、スイス、ベルギーなどのスーパーにいくと、生鮮食品はもちろんのこと、加工食品、お菓子類、化粧品やペット用品、サプリメント、トイレットペーパーに至るまで、

ＢＩＯ製品のコーナーが相当大きな陳列棚を占めております。ヨーロッパ中のＢＩＯ製品を集めたＢＩＯ製品専門スーパーなども人気です。

※ＢＩＯ……フランス語で「有機」をビオロジック biologique といい、その略。ヨーロッパでは、有機、オーガニックのことをＢＩＯと言いＢＩＯ製品、ＢＩＯ野菜というように使われている。ＢＩＯラベルを取得するには様々な規則と大変厳しい基準がある。ＥＵで基準を定められたヨーロッパ共通のＢＩＯラベルとは別に、独自のＢＩＯラベルを設けている国も少なくない。

ＢＩＯの基本的な考え方は人工的に手を加えずに、自然のままにすること。例えば遺伝子組み換え種子や化学肥料、農薬の使用は禁止、合成着色料や香料、化学調味料、保存料等を使用せずに加工しなければならない。

加工食品の場合、最低でも95％の原材料がＢＩＯでなければならず、残りの５％もなるべく自然のものが望まれる。しかし自然界では生産不可能なものもあり、そのようなものに限り使用可能だが、これにも制限があり、許可されている物質がリスト化されている。また、製品の一部だけにＢＩＯの原材料を使用している場合には、ＢＩＯとは認められない。（出典：https://biomomohashimoto.jimdo.com/）

◆基準値以下は安全か◆

日本では「農薬は毒物である」という認識が薄く、「基準値以下なら、何となく安全」「国が認めているから安心」だと思っている風潮があります。しかし、そもそも「基準」って一体、何なんでしょうか。福島第一原発事故以降、放射能の基準値が事故前と比べて大幅に緩和されたりしている状況をみると、国が定める基準値というもの自体、そんなに簡単に信用できるものではないと言わざるを得ません。そのうえ、農薬に対する基準には※**発達神経毒性**などは含まれておらず、安全が保障されているとは到底いい難いのです。

※**発達神経毒性**……発達神経毒性とは、重金属や化学物質のばく露による、胎児期あるいは生後発達期の神経系の構造、及び機能に対する有害影響と定義されている。メチル水銀による胎児性水俣病やエタノールによる発達障害は、その例としてよく知られている。

（出典：https://www.jstage.jst.go.jp/article/toxpt/41.1/0/41.1_S9-1/_article/-char/ja/）

国ごとの農薬の基準値を比べてみると、日本はダントツで規制がゆるいことがわかります。

例えば、**農薬残留基準値**で見ると、

・イチゴ……日本三・〇ppm、アメリカ〇・六ppm、欧州〇・〇五ppm
・きゅうり……日本二・〇ppm、アメリカ〇・五ppm、欧州〇・三ppm

このように、基準値といっても、国によって定める値にこれほどの大きな差があります。「国産」と書かれていると、何となく安心と思って国産のものを選んでいる消費者は多いと思いますが、この国別の基準値を見比べてみると、そうも言っていられないのではないでしょうか。

二〇一**七年一二月、日本ではグリホサートの残留農薬基準を大幅に緩和**しました。従来の基準から小麦で六倍、ソバで一五〇倍、ベニバナの種子で四〇〇倍というケタ違いの大幅緩和です。その結果、**日本のグリホサートの残留農薬基準は中国の基準値の一五〇倍**となりました。

発がん性や胎児の脳への影響が指摘されている、代表的な農薬がグリホサートの除草剤とネオニコチノイド系の殺虫剤です。グリホサートを使った除草剤は、モンサント社のラウンドアップという製品が最もメジャーですが、店頭でよく見かけるようになり、大変驚きました。これは、※世界的に規制が広がって使用・販売が禁止されています。**先進国で、**

個人がラウンドアップを買えるのは、日本だけという状況になりつつあるのです。

※世界保健機関・ＷＨＯが二〇一五年三月、「**グリホサートはヒトに対して恐らく発がん性がある**」と発表した。健康被害も続出しており、各国で規制の動きが広がっている。欧州連合・ＥＵでは初めての全面禁止になる可能性がある。ドイツ、イタリア、オランダでは個人使用が禁止され、オーストリアは二〇一九年七月グリホサートの使用を禁止する法案が可決された。アメリカ、アルゼンチン、オーストラリアでは自治体で部分的に使用が禁止されている。

（出典：https://www.chosyu-journal.jp/shakai/11791）

◆世界に逆行している日本◆

世界中で健康被害が問題となり、国際機関も警鐘を鳴らしており、使用禁止などの措置は国際的に広がっているというのに対して、日本では規制を大幅に緩和し、販売を促進しています。その結果、**グリホサート除草剤やネオニコチノイド系農薬の国内出荷量は、この二〇年間に二〜三倍に増えている**のです。

こうした傾向にＪＡ（**農業協同組合**）は、人体への悪影響が指摘されている除草剤・ラウンドアップとネオニコチノイド系農薬の使用を、農家に対して推奨しています。強力で安全な農薬などと謳って販売キャンペーンを行っています。

『農業協同組合新聞』ニュースでは、ラウンドアップについて「高濃度使用を可能にしたことから、本来のパワーを発揮」と書かれています。更に、従来のラウンドアップより、更に除草効果を高めたとして発売されているラウンドアップハイロードについて「**従来のラウンドアップに比べ活性成分であるグリホサートを約30％増量、さらに製剤改良によって植物体内への吸収速度を高め、除草効果をパワーアップ、しかも環境へのやさしさは従来通りで安全性も極めて高い**」と紹介しています。（出典：二〇一九年五月二三日 https://www.jacom.or.jp/archive01/document/agrbis/news/01032203.html）

「ラウンドアップ」のパッケージには、発売当初「**生分解性**」という言葉が印刷されておりましたが、現在は削除されています。一九九六年ニューヨークで、モンサント社のラウンドアップに関しての訴訟で、「生分解性で土壌に蓄積されません」「安全で人や環境への有害な影響を引き起こすことはありません」といった一連の**安全性に関する広告が、虚偽かつ誤解を招く広告であると判決**されたためです。ニューヨークでは「安全です」と宣伝できなくなりましたが、日本ではＪＡを筆頭に「安全な除草剤である」と宣伝されています。

◆世界中に広がる反バイエル・モンサント◆

ラウンドアップをめぐっては、**モンサント社は全米で一万三千件以上の訴訟を起こされており、同社は二〇一九年五月までに三度連続で敗訴**しており、ラウンドアップの発がん性リスクについて、警告を怠ったことに対する懲罰的損害賠償と補償的損害賠償の支払いを命じられています。

モンサント社に対する批判は、アメリカ・ヨーロッパにとどまらず世界中で広がっており、二〇一九年五月一八日には、フランスやスイス、ドイツ、アメリカ、カナダ、オーストラリアなど数百の都市で一斉に「反バイエル・モンサントデー」と称したデモ行進が行われました。

モンサント社のラウンドアップの発がん性や遺伝子への影響が問題になり始まった、この抗議行動は二〇一三年から毎年行われており、世界中の農民や労働者など広範な人々が参加しています。こういった批判の高まりの中で、世界各国ではラウンドアップの使用禁止や販売中止、輸入禁止が主な流れになっています。

一方、日本国内ではホームセンター、ドラッグストアの特設コーナーに並べられ、ＪＡ

では安全と宣伝されてプレゼントキャンペーンなどを展開しながら、ラウンドアップの大量購入を促進しています。この日本で、一体、誰が消費者の健康を守ってくれるというのでしょうか？

◆個人の健康や生命よりも、最も優先されるのは大企業の利益◆

日本では、消費者の安全や地球環境、生態系を守るよりも、大企業、特に近年ではアメリカ資本の大企業を守るということを最優先しています。アスベストやカドミウム、水俣病などの公害や、薬害問題、原発問題など、どの問題においても共通しているこの構図に、非常に懸念を抱いている次第です。

自分が住んでいる国がどのような国なのか、あまり知らない方が多いように感じます。世界に取り残されていることにも気づいていないのではないかと危惧しています。**企業の利益優先の国家政策の在り方に対して、消費者があまりにも無知、無防備、無抵抗であると、大きな危機感を持たざるを得ません。**

メーカー、特に大資本がからむと、規制が緩和されます。私はこうした傾向を見ていると、一企業の私益のための輸入を前提に、規制の緩和が進んでいるのではないか、と疑ってしまいます。残念ながら、お役所は我々の健康を守ってはくれないということを、改めて肝に銘じなければなりません。消費者が、自分で自分の身を守っていかないといけないのです。自分の身のみならず、次世代のために、環境も守っていかなければなりません。

◆世界がNOと言い、行き場を失ったモノが日本に大量に入ってくる◆

ラウンドアップの問題については、日本の農業を壊す種子法廃止・種苗法改正（日本の種子の海外流出阻止を理由に国内農家の自家増殖を禁止にする法改正で、「種苗の知的財産権」が強化される一方で、農民の「自家増殖の権利」が制限される。種苗の知的財産権は、世界の種苗市場で巨大種子企業が寡占している現状で、その企業の利益となるが、一般農家にとっては死活問題となる法改正であることが問題となっている）、ＴＰＰへの参加推進、世界に逆行した基準の緩和など、モンサント社の利益になるような一本の道筋を、日本はひた走っています。

この問題について、国際的に限定的ではあっても輸入禁止の措置などが拡がっているため、**ラウンドアップの在庫は膨れ上がっており、大量の余剰在庫が日本市場に流れてくる**と、こうした動きに、『長周新聞社』（山口県）は二〇一九年五月二三日付の記事で警鐘を鳴らしています。

しかし、国内の大手メディアは、この問題については、これまでほぼ沈黙しており、国民の認知度は低いまま、日本国内の小売店の店頭では「最も安全な除草剤」とか「驚異の除草剤」といった宣伝文句で大々的に売り出されており、何も知らない消費者が自宅の庭に、家庭菜園に、自治体は公園に、学校のグラウンドに散布しているという現状です。

製品特許の切れた初代の製品は、名前を変えたジェネリック品が一〇〇円ショップなどでも安く売られています。また、グリホサート剤の成分特許は切れており、セカンドソースが「グリホ〇〇」といった名称で製造され、輸入、販売され、国内のメーカーも同様の商品を製造・販売しだしているという状況です。

欧米では公害問題、健康問題に関しては、過去の歴史の反省もあり、また国民の関心も高いために、通常、こういった対応は近年比較的早く、被害が多く出る前に規制に動くことが多いと言われていました。しかし、モンサント社のラウンドアップについては、欧米の対応でさえも遅かった感もある上、同社の政治に介入する巧みな圧力により、市民により勝ち取られた規制は徐々に骨抜きにされつつあるのが現状です。

世界中で健康被害の報告が、実際にたくさん出ており、議論の余地がないくらいの明白な被害が長年にわたって出ているわけです。そこには巨大企業の強引な「シェア確保商法」とでも呼ぶべきやり口によって、様々な圧力が働いたと言われています。

◆世界的なグローバル企業の裏の顔◆

このラウンドアップを製造・販売している**モンサント社（現バイエル）**は表向きクリーンなイメージを振りまいていますが、もともとは化学薬品の製造会社として一九〇一年に創業、一九六〇年代にはヴェトナム戦争で使われた枯葉剤を製造して莫大な利益を上げてきた会社です。

ラウンドアップに耐性のある遺伝子組み換え作物と、ラウンドアップをセットにして売り出すという手法で全世界の遺伝子組み換え作物市場の九〇％を誇っています。各国政府とのパイプを確実に作る強引かつ巧妙、そして時に暴力的ともいえるシェア確保商法で、各国の法律や規制をコントロールして、利益を拡大していると言われています。

同社は、自社の開発した遺伝子組み換え作物の種子を販売するにあたり、次回作には自家採種したものを利用しないという契約を栽培農家との間で結びます。つまり農家は毎年、同社から種子を買わなければなりません。そのため、その契約に違反して遺伝子組み換え作物の種子を自家採種し、以後の作付けに利用した農家に対して、知的財産権を侵害したとして多くの訴訟を起こしたことから注目を集め、批判を受けました。

土にタネが落ち、芽が出るという自然の摂理に則った命の営みを、あらゆる手段でカネに換えて独占しようとしている企業が存在しているということは、にわかには信じ難いことです。しかし、これは現実の話です。

二〇一九年二月、ワシントン大学の研究チームが「**グリホサートにさらされると、がんのリスクが四一％増大する**」との研究結果を学術誌に発表しました。このような健康被害についての大きな懸念はもちろんのことですが、**食糧・種子の独占という問題**も、実は大変恐ろしい問題です。（出典：「Science Direct」
https://www.sciencedirect.com/science/article/abs/pii/S1383574218300887
https://www.washington.edu/news/2019/02/13/uw-study-exposure-to-chemical-in-roundup-increases-risk-for-cancer/）

モンサント社という巨大グローバル企業が、世界で実際にどういったことをしてきたのかという現状については、フランスのマリー＝モニク・ロバン氏というジャーナリストが制作した『モンサントの不自然な食べもの』というドキュメンタリー映画で詳しく見ることができます。大変衝撃的な内容ですが、日本人にとっても決して他人事ではなく、全ての人に見てほしい作品です。サスペンス映画、ミステリー小説よりも、実際に起きている事柄の方が、よほど恐ろしいのだと再認識させられます。

私の孫が通う高校では、生物の授業でこの映画を視聴したそうです。我々が生きている以上、切っては切り離せない、命に直結している「食」というものが、現代のグローバル企業の商品となりつつある現状を、大人はもちろん、これからを生きる子どもたちにも、ぜひ知ってほしいと思います。

◆環境に負荷をかけない生き方の選択◆

さて、冒頭のご質問に戻りまして、ネオニコチノイド系殺虫剤は、このような理由からお勧めできませんが、安全な虫除けといえば代表的なのがハッカ油です。

気軽に使える手作りの〝ハッカ油スプレー〟は、ハッカ油とエタノールと精製水、それにスプレーボトルがあれば簡単に作ることができます。薄めに作れば、外遊びをする時に服の上からスプレーすることで虫除けになります。庭のムカデが出やすい場所などには、しっかりとミントの香りが残るくらいの濃さで作ったものを、外遊びしている間、こまめにスプレーするとよいでしょう。

例えば、夏は網戸にスプレーすることで、蚊の侵入も防げます（但し、猫には、ハッカ油に限らず精油は毒となります。揮発した精油成分を吸い込んだり、皮膚からの吸収でも肝臓に負担がかかるので、猫を飼っているお宅は注意が必要です）。虫の多い季節にぜひ試してみてください。

環境に負荷をかけない商品選びをする消費者が増えていくことが、環境問題を解決する一歩に繋がるのではないでしょうか。

◆太陽光発電住宅について◆

Q　新築を建てようと計画中です。北斗さんは、ソーラーパネルを屋根に載せて電気代ゼロの省エネ住宅の宣伝はしてないようですが……。今主流の省エネ住宅については、どう思われますか？

まず、初めに当社のこれまでのスタンスをお答えしておきます。太陽光発電のメリットやデメリットなど色々言われている中で、社内で様々な検証を慎重に重ねた結果、**当社では太陽光発電住宅を積極的に建築してきませんでした**。既存の住宅の屋根に、**太陽光パネルを載せるリフォームも、積極的にお勧めしないという方針**を採ってきました。爆発的な太陽光発電住宅ブームを国が後押しして、あらゆる業種が太陽光発電住宅事業に参入してきたという流れの中で、あえて距離を置いて、そのブームに乗らないと判断して今日に至ります。

資源を持たない日本において、枯渇しない太陽光をエネルギー源とする太陽光発電に、メリットがあることは明白な事実であり、否定しませんし、大きな期待も寄せています。しかし、技術的に実用化できるレベルに至っていない、改善すべき大きな問題点が、まだあるのではないかと思っています。

実用化しながら、改善していくということができる分野も、もちろんあるでしょう。しかし、**住宅に関しては人間が住む以上、技術の改善が先ではないか**と考えています。

参考までに「太陽光発電の歴史」的流れを記しておきます。

《太陽光発電の歴史》

- 一九五四年～　開発・誕生
- 一九五八年～　初の実用化　人工衛星への電力供給
- 一九七三年　第一次石油危機
  日本経済は直撃を受け、国家レベルで太陽エネルギーに目を向ける契機となる
- 一九七四年　サンシャイン計画（通産省）
  次世代エネルギーとして太陽エネルギーの利用の推進と技術開発
- 一九八〇年～　一六年間「ソーラーシステム普及促進融資制度」

・一九九三年　　ニューサンシャイン計画（通産省）
　　　　　地球環境保護という目的を追加、太陽光発電の技術開発に重点が
　　　　置かれる
・一九九四年　　新エネルギー導入大綱（総合エネルギー対策推進閣僚会議）
　　　　「新エネルギー利用等の促進に関する特別措置法」制定
・二〇〇一年〜　太陽光発電システム技術研究開発（NEDO　新エネルギー・産業技術
　　　　総合開発機構）
　　　　「革新的次世代太陽光発電システム技術研究開発」の公募
・二〇〇九年〜五年間　「住宅用太陽光発電導入支援対策費補助金」交付

太陽光発電は、一**九七**三**年の第一次石油危機**から国家の取り組むべきエネルギー政策として、一九七四年に通産省（現：経済産業省）が作った「サンシャイン計画」にも盛り込まれています。資源の乏しい我が国において、枯渇しない太陽エネルギー（太陽熱、太陽電池、太陽光発電）として期待を受けて多額の税金が投入されて技術開発が進み、徐々に普及していきました。

一般の消費者レベルでは、二〇〇五年以前と二〇〇八年に、国からの補助金交付があり、二〇〇九年から五年の間「住宅用太陽光発電導入支援対策費補助金」が※国から交付され

ました。それに加えて売電制度の後押しもあり、太陽光発電のリフォームでは新規参入の障壁も低いことから、住宅メーカーだけでなく、電気屋さん、ホームセンター、足場屋さんなんていう業種まで参入しました。猫も杓子も、太陽光発電に飛びつきました。

※国からの補助金の交付は廃止されましたが、都道府県や市町村で独自に補助金を交付している自治体もあります。また、再生可能エネルギーの設備を設置するに伴い税金の控除などもあります。

二〇一一年東日本大災の福島第一原発事故以降、原子力発電をベースロード電源とする日本のエネルギー政策の根本的な見直しの世論が高まり、原発に代わるクリーンな次世代エネルギーとして更に脚光を浴び、一般家庭への普及を一層後押ししました。

福島第一原発事故による世論の高まりもありますが、被災経験による防災意識の高まりなどからも、エネルギー問題に関心のある層、防災意識の高い層、また家計へのお得に敏感で先行投資をいとわない層を筆頭に、徐々に一般的にも普及してきたという経緯もあります。

◆パネルからの発火、消防士の感電◆

　そのような国からの後押しがあり、ブームともいえる普及が進む波の中で、当社は太陽光発電事業に対しては慎重に慎重を重ねて検討しており、自信を持ってお勧めできるとハッキリした答えを得るまでは、方針についての結論を急がないようにしておりました。

　加えて、新しい建材や技術、また工法などに対して、**検証なしに採り入れるということは、絶対にしない**というのが、当社の一貫した考え方だったからです。そのような折に、東日本大震災後の流された住宅、半壊住宅でのソーラーパネルの火災の痕跡が見つかったという情報が少しずつ入ってきました。震災後、復興が追い付かないまま放置されていた半壊住宅などに、**パネルから発火して、鎮火した痕跡があった**ということが、徐々に伝えられはじめたのです。

　そして同じ頃に海外からの、消防士が太陽光住宅の火災での消火活動において、感電、死亡したというニュースがありました。その報告だけで、当社が手を出さない、**当社のお客様には安心して勧められない、と判断するのに十分過ぎる不安材料**でした。

　一方、海外だけではなく、日本国内でも**火災が起きた太陽光発電住宅での消火活動で、**

放水した消防士が感電するという実例の報告が、少しずつ目に入るようになりました。「ベランダに出るとビリビリした」という**住人の感電**の報告もあります。家庭用の太陽光発電システムから火や煙が出た、といった事故の件数は、消費者庁の安全調査委員会の調査によりますと、二〇一七年一一月までの九年間に、全国で一二七件の報告があります。

太陽光パネルは、消費者が発電を止められるという機能はありません。消費者の都合や判断でシステムを止めることはできても、発電そのものを止めることができないため、火災や、水害などの災害時に感電するという事故が国内外で相次ぎました（火災の際、消火活動の対策として、絶縁性の高い手袋の着用、**水を通じた感電**を防ぐため、放水時は距離やノズルの調整をする。パネルの扱いに注意するなどの方法で、正常な消防活動が行われています）。

太陽光パネルやケーブルなどが発火元となる火災に関しては、太陽光発電の普及が先行したドイツを筆頭に欧州各国では社会問題となり、太陽光パネルの耐火性能を向上させる技術開発が進みました。また、耐火性能に関する法律や規制も厳しくするなど、法整備が進んでいます。二〇二〇年から新築住宅への太陽光パネル設置を義務付けるカリフォルニア州のあるアメリカでも、太陽光パネルの耐火性の対応がなされています。

これまでの太陽光パネルには、発火するリスクと、樹脂製であったため燃えやすい、という大きな欠点がありました。日本では、まだ法整備は整っていませんが、現在流通している太陽光パネルは、耐火性能や設置方法が発火しにくいようになど、改善されているそうです。

そのため、太陽光発電を推進している住宅メーカーや設置業者は、「従来のものよりも耐火性能が上がったため、仮に太陽光パネルの下（住居部分）から火災が起きた場合、現在流通している太陽光パネルであれば、火炎に包まれたとしても一千℃までは、耐えうることが実証されている」と言っています。しかし、感電のリスクという問題の根本的な解決はされておりません。欧米では二〇一四年以降緊急時に通電を遮断する※ラピッドシャットダウンシステムが搭載されるように規制されはじめましたが、日本では二〇一七年のアスクルの倉庫火災がきっかけとなり、ようやく法制化の流れが出ているようですが、未だ規制はされていません。

※ラピッドシャットダウンとは……もともと米国でNEC（National Electrical Code）によって導入された電気安全基準である。この基準は太陽光発電システムに適用され、屋根上の太陽電池モジュールの通電を遮断する、いわば「オン／オフ」スイッチを追加することで電圧を下げる方法を要求している。

ラピッドシャットダウンは、消防士やソーラー設備業者が太陽光発電（ＰＶ）アレイからの電圧と電流を安全に停止または低減する方法を提供し、電気的危険を回避して安全かつ効率的に作業を行うことを可能にする。屋根の上のモジュールレベルで電圧を停止または低減することで、消防士が太陽電池モジュールから発生する高電圧による感電を低減または排除することができる。

（出典：https://ja.tigoenergy.com/post/blog-everything-you-need-to-know-about-rapid-shutdown）

このように、大きなブームの中で、太陽光発電による火災や感電の危険性は、これまでもずっと言われてきたにも関わらず、経済優先の住宅業界の中で、その警鐘はあまり取り沙汰されてきませんでした。しかし、二〇一九年ようやく消費者庁が「住宅用太陽光発電システムから発生した火災などに関する報告書」についての調査報告を公開しました（二〇一七/九/二二経過報告、二〇一九/一/二八報告）。

国からの後押しにより、優に二〇〇万戸を超す一般住宅の屋根に、ソーラーパネルが載って、ようやくです（総務省の統計では、二〇一三年時点で太陽光発電の住宅設置数は一五七万件。資源エネルギー庁による毎月更新の固定価格買取制度の累積容量のデータでは二〇一六年一一月時点で二一八万件）。

◆風水害による感電のリスク◆

また、もう一つの問題点が、**水害の際に感電のリスクがあること**です。これは、消火活動の際に放水した消防士が感電するという報告を見れば、当然推測できる事象です。台風による大雨、豪雨災害などが頻発している近年、地震よりも頻度が高く身近な災害は水害といえます。

住宅が、屋根まで浸水するような鬼怒川決壊（二〇一五年九月関東・東北豪雨）のニュース映像が、鮮烈に記憶に残っている人は多いと思いますが、迫り来る水の恐怖に加えて、高電圧の感電という恐怖を感じながらニュースを見ていたのは、私だけではないでしょう。

「太陽光発電協会」のＨＰには、「太陽光発電システムの水害時の感電の危険性について」というページがあり、「水害などで水没・浸水した太陽光発電システムに接近や接触することにより感電のおそれがあります」と記載されています。当協会では、システムを水没させ、漏電などによる感電の危険性に関する実験と測定を行った結果を二〇一九年八月に公開しています。

その公開資料によると、「台風や大雨、局所豪雨の影響により、太陽光発電システムが水没・浸水し破損している場合があります。太陽光発電システムは、このような場合でも**光が当たれば、三〇〇Ｖ以上の電気を発電**します。（中略）接近・接触すると感電するおそれがあります」とあります。

太陽光発電の設備が壊れていても、太陽光発電モジュールは半永久的に発電します。これは、どういうことかというと、太陽光発電モジュールは光が当たると発電する物質（マテリアル）だからです。部品を組み立てて「光が当たったら発電するように造られた製品」ではないので、水に浸かっても、バラバラに壊れても、光が当たれば発電するのです。たとえ電力供給としての機能を期待されていなくても、発電し続ける物質なのです。夜間の太陽光住宅での火災で、炎により明るく照らされたために太陽光パネルが発電して、消防士が感電したという例もあります。

感電すると生命の危険があるほどの高電圧がかかっており、ショートすれば火災にもなります。電気代がお得になるだとか、何年経過したら初期投資が回収できるか、というのは、安全が保障されていて初めてできる話ではないでしょうか。

消防庁の発表によれば、以下のように記載されています。

消防庁消防・救急課　消防庁消防研究センター「太陽光発電システムの設置された一般住宅における消防活動上の留意点」

各都道府県消防防災主管課宛に平成二五年三月に送られた文書の一部

感電及び出火の危険性

・太陽光発電システムは、太陽電池により光エネルギーを電気エネルギーに変換しているため外部から発電を遮断できないことから、火災の初期から残火確認等に至るまで、感電事故の可能性がある。
・棒状での放水は、水を伝わって感電する可能性がある。
・太陽光発電システムの配線が切断されて建物に触れている場合、建物の断熱材や金属の柱、梁を伝い感電する可能性がある。
・夜間であっても、炎の光等によって発電が継続しており、※感電の可能性がある。
・見た目の破壊が進んでいる太陽電池モジュールにあっても光が当たると発電するため、感電の可能性がある。
・感電により致命的な症状を被らなくても、屋根上での作業では、感電の衝撃によって消防隊員が落下する可能性がある。
・取り外した太陽電池モジュールは光を受けると発電するため、感電や発火の可能性がある。

※消火活動での投光器によって発電され、感電した事例も報告されている

◆大量廃棄時代の到来・新たな公害問題の懸念◆

そして、もう一つ忘れてはならないのが使用済みパネルの廃棄の問題です。**太陽光パネルの期待耐用年数は二〇～三〇年と言われており、屋根の上にある使用済みパネルをどうするのかという問題を消費者が抱える**ことになります。

この太陽光パネルの処分については、**鉛、セレン、カドミウムなどの強い毒素を含む製品もあり、環境に放出されると大変な公害となる恐れがあります。**カドミウムは、一九一〇年に発生し、一九六八年に公害認定された「イタイイタイ病」の原因ともなった猛毒です（富山県神通川流域で起きた／三井金属神岡鉱山）。

日本の公害の原点は、足尾銅山鉱毒事件（一九世紀後半の明治時代初期から渡良瀬川周辺で起きた日本最初の公害）ですが、現代になっても、あまり公害に関しては進歩してないように感じます。被害が出てから公害であると認定されて、発生源の企業が公害を出さないように指導され被害者が救済されるまでに、長い歳月がかかり、その間被害は拡大し続けます。

狭い地域の同じ公害の被害者であっても、企業の利益の恩恵を受けている住民と告発する住民との分断があり、国家は企業側を擁護する立場を採ってきたという歴史があります。

足尾銅山鉱毒事件は一〇〇年、イタイイタイ病は五〇年ほど、加害責任の認定までにかかっています。渡良瀬川からは、現在も基準値を超える鉛が検出されるなど、一度起きた公害はいつまでも影響が深く残っています。

国の政策だから安心だとか、危ない時には国が助けてくれる、と国家を盲信している消費者が多くて驚いてしまうのですが、自国の公害の歴史を少しでもかじってみれば、**一国民である被害者を守ってくれたことなど一度もない**という厳しい現実を知ることになるでしょう。二〇一一年に起きた福島第一原発事故は、国家も国民性も全く進歩していないことを改めて痛感させられた事故（人災）でした。

三〇年で寿命がきた太陽光パネルは外して、また新しいパネルを載せるのでしょうか。住宅の**構造体や土台は、その先も荷重に耐えられるのか**どうかという不安が残ります。パネルを載せていたがために、パネルと屋根の間は吹き溜まりとなり堆積物が溜まりやすくなって、何も載せていない通常の屋根よりも劣化は激しくなります。そのため、屋根をはじめ住宅自体に余分な補修が必要となっている可能性があります。廃棄や交換などに至っては、太陽光パネルを載せていない住宅だったら、そもそもかからない費用が発生するわけです。

既存の太陽光発電システムが、古くなったからといって新しいものに交換しないとしても、傷んだ古い太陽光パネルを屋根の上にそのままにしておくのか、どうかという問題が残ります。普及した大量のソーラーパネルの寿命が一気にくる、と言われている**太陽光パネルの二〇四〇年問題**と呼ばれるのがこれです。

設備の方は壊れても、太陽光パネルは光が当たれば発電し続けます。太陽光発電の恩恵は受けられないのに、感電や発火のリスクとは一緒に暮らし続けることとなってしまうのです。

◆そのまま埋め立てられている使用済パネル◆

寿命が過ぎた太陽光パネルの処分が、きちんとリサイクルされるのかどうか、環境への負荷があるのではないか、という懸念があります。太陽光パネルは、電極やシリコンを何層も強固に接着してできています。そのため分離してリサイクルするのが、難しいとされています。しかし、既に大量廃棄が始まりつつあるのに、**リユース・リサイクル・処分の実態は把握できていないのが現状**です。

現状では廃棄された太陽光パネルは、産業廃棄物の処分場に埋め立てられています。本来、**有害物質の含有がある廃棄物は、有害物質が周辺の土壌や地下水に溶け出さないようにするために「管理型最終処分場」**の埋め立てが望ましいとされています。しかし、**総務**

省の調査によると、パネルに含まれる鉛やセレンなどの有害物質の情報を処分場に提供していない業者は、調査対象の八割に上ったそうです。

有害物質が含まれているかもしれないのに、適切な処分が行われていないのです。そもそも、有害物質が入っているのか、いないのか、入っているとしたら、どのぐらいの量なのか……などの情報がパネルのメーカーによって開示されていません。メーカーが積極的に情報を開示していないため、廃棄物を出す事業者は、有害物質の含有を全く認識していない、または確認していないということなのです。

太陽光パネルの処分に関わるガイドラインは、環境省が二〇一六年に「太陽光発電設備のリサイクル等の推進に向けたガイドライン（第一版）」を、二〇一八年に「同（第二版）」を策定、公表しています。第一版では解体・撤去、収集・運搬、処分に関する関係者の役割・留意事項などがまとめられ、第二版では排出事業者から産業廃棄物処理業者への有害物質情報の提供義務の明確化、適切な埋め立て方法についても盛り込まれていますが十分とはいえない内容である上、残念ながら周知されているとは言い難い状況です。

あとのことを考えず、推進され普及が先行してしまった背景には、東日本大震災での福島第一原発事故による、エネルギー政策に対する世論の転換が急激に起こったことなどが影響しているのでしょう。「売れる」といって多くの業者が飛びついてしまいました。

しかし、あまりにもわけがわからないうちに、技術開発や法の整備が整っていないのに推進され、普及し過ぎてしまった感があります。

◆エコや省エネという言葉が利用されている◆

これも、今まで本当に何度も様々なテーマでお話ししていることと、同じことがいえます。もちろん、そもそも研究・開発の目的には、地球環境やエネルギー問題を解決する大きな意味と目的があったはずです。

しかし、末端の経済活動の中では、本当に消費者のことや地球環境のことを考えられて使われるわけでなく、「エコ」や「省エネ」という言葉も単なるビジネスチャンスとして利用されてしまっているという点で、様々な問題に共通しています。実際に売り買いされる市場では、消費者の利益やメリット、それどころか健康や生命の安全が不在となっているのです。

消費者側から見た仕組みとしては、今後三〇年の電気代がゼロ円になる、または売電による収益があるといって、先行投資のメリットを売り込んでいるわけですが、**果たして三〇年後、本当に元を取れるのか**という疑問もあります。

新築時には、考えてもいなかった費用として、メンテナンス代と廃棄費用というものがあります。「太陽光パネルの表面が汚れていたら、発電効率が落ちるので、適切な掃除などのメンテナンスをしなくてはならない」というＣＭが数年前から頻繁に流れ出しました。新築時に太陽光パネルの掃除や部品の交換など、頻繁なメンテナンスの必要性を聞いていた人は、どれくらいいるでしょうか。

また、設置業者がアフターサービスとして、メンテナンスなどを行うという契約になっていたが、設置業者が倒産したのでアフターサービスが受けられない、という話も最近耳にすることが増えています。

◆三〇年間、屋根に余分な荷重がかかっていた住宅は、どうなっているか◆

さて、我々住宅に携わるものの立場から見た時に、最も重要なことは、「**新築から三〇年経った時、その住宅自体は、どんな状態なのか**」という視点です。

新築時に太陽光パネルを載せている住宅は、価格に太陽光発電パネルの価格が上乗せされていますが、その分貧弱な住宅になっているのではないか、という不安が残ります。当然のことですが、一番大事なのは、住宅です。三〇年の間、電気代はかからなかったが、住宅がダメになっていたら、元も子もありません。

太陽光発電住宅に限ったことではなく、近年建てられている主流の新築住宅は、従来の伝統的な木造住宅よりも寿命が短い、と常々警鐘を鳴らしています。太陽光発電住宅も例外ではなく、三〇年もてば良いような建て方、算出のもとに作られていることが、大変多いのではないかと、私は実際の住宅を見ていて感じています。

◆既存の住宅の太陽光リフォーム◆

太陽光リフォーム（既にある住宅に、太陽光パネルを載せる工事）では、更に別の問題が不安材料としてあります。新築時に想定されていなかった屋根への荷重と、屋根に穴を開けるという工事方法です。これまでにも、雨の多い日本では、雨仕舞が大変重要であると繰り返しお伝えしてきました。この雨仕舞を妨げる要素が多く、危惧されます。太陽光パネルを載せた後、雨漏りに悩まされるようになった、というご相談は実際に少なくありません。

太陽光リフォームの案件が増えた頃から、そういった新聞記事なども目にするようになってきました。

＊＊＊＊＊＊＊＊＊＊＊＊＊＊＊＊＊

『太陽光発電、雨漏り注意「設置工事で穴」苦情相次ぐ』（２０１０年１月６日付『朝日

新聞』記事より）

■異業種からの参入も急増

「太陽光パネルを取り付けたら、子ども部屋で雨漏りするようになった。販売代理店は倒産し、パネルメーカーからは建物には責任は負えないと言われた」「雨漏りするので業者に見てもらったら、屋根の防水シートが破れていた」――。欠陥住宅の相談を受ける財団法人・住宅リフォーム・紛争処理支援センターには今年度、太陽光発電に絡む相談が64件寄せられた。昨年度までは太陽光発電に関する相談は、ほとんどなかった。今年度分では施工ミスが原因とみられるトラブルが目立つという。

昨年10月から新築住宅の売り主には、欠陥に備えた保険への加入が義務づけられた。住宅保険を運営する六つの法人へも「パネルを設置したら雨漏りするようになった。保険は適用されるのか」などの問い合わせが急増。日本住宅保証検査機構には、今年度、太陽光発電絡みの相談が約40件、寄せられたという。

屋根には雨水が建物にしみこまないように防水シートが敷かれている。パネルは屋根を斜めに支える垂木に固定させることが多いが、知識や経験の乏しい業者が垂木の位置を確認せずにクギを打ち込んで、シートを破る例もあるという。国交省の担当者は「設置から2、3年たって雨漏りが始まった例もある。表面化していない同種のトラブルはかなりあると推測される」と話す。（中略）

一方で、リフォームのついでに太陽光発電を導入する例も多い。専門業者だけでなく、工務店や電器店、台所やトイレの設置業者、空調業者といった異業種からの参入が急増している。設置工事に絡んだトラブルが急増している背景には、こうした点が影響しているとみられ、パネルメーカーや電力会社でつくる業界団体・太陽光発電協会の広報担当者は「安心して屋根に取り付けてもらうため、業界共通の施工資格も検討したい」と話す。

＊＊＊＊＊＊＊＊＊＊＊＊＊＊＊＊＊＊＊＊

一般的な広さの住宅の場合、太陽光パネルの総重量は、およそ三〇〇キログラムと言われています。

「地震大国の我が国では、耐震が最も重要だから屋根を軽くするべきだ」という名目（実際にはコストカットのため）で、必要な屋根勾配すら取らずに**屋根勾配の小さい雨漏りリスクの高い住宅**が主流となっている現状があります。屋根材を軽くする住宅が主流となっているのに、そこに三〇〇キログラムの荷重を載せるというリフォームが売れているのです。

こういった多くの疑問・懸念（不安材料）が解消されるような仕組みや法整備が整っているとは言えない現状では、当社としては、太陽光発電住宅の推進はできない、と判断したということです（もちろん、原発に代わるクリーンなエネルギーがあれば、本来なら大賛成したいところです。原子力発電は、技術として完全に行き詰まっています。人類が最も手を出してはいけない分野だと思っています）。

省エネだ、エコ住宅だといって建てている側も、本当にそう思い込んでいる面もあります。信じているから、嘘を言っているつもりはない、と思っているのでしょう。しかし、基本的な思考が止まっている業者が多いのも事実です。儲けを優先している業界は、往々にしてこの状態です。

大切なものの優先順位がおかしいのです。生命であったり、人が暮らす家であったり、そのような基本的なことが疎かにされていて、電気代ゼロも何もないのではないのでしょうか（「電気代がお得になる」という観点にのみ着目するならば、先に述べた通り、かかるメンテナンスの費用や、交換か撤去のための処分費、住宅へのダメージなどを鑑みると、プラスマイナスの帳尻は、お得とは言い切れないのではないか、と考えています）。

新築でもリフォームでも、太陽光パネルを載せている方には、地球環境のことを真剣に考えられて、環境問題に貢献したいという思いで、使用している方が多いと思います。業者側、メーカーは良いことしか言いませんから、メリットだけ聞くと、本当にすばらしいシステムだ、と思うことでしょう（CO2排出の削減や、電力ピークのカットなど、環境問題に貢献できるメリットは確かにあります）。

そのような健全な思いで投資したはずの太陽光パネルですが、処分の際に不法投棄などされた結果、猛毒が環境に流出するという問題になるなど、これが環境問題に貢献したかったはずの消費者の望んだ結末でしょうか。自動的に発電して電源も切れず自然発火や感電の恐れがあり、そのうえ有害物質が含まれている（かもしれない）ソーラーパネルが、何の策もなく埋め立てられるなど、想像するだけで恐ろしいと感じるのは私だけでしょうか。

動力を補給できない宇宙空間での太陽光エネルギーの利用というのは、確かに画期的ですし、今後も有効でしょう。しかし、地球環境に取り返しのつかないダメージを与える可能性のあるエネルギー政策というのは、慎重に導入するべきであるし、致命的な欠陥がわかった時点で、普及よりも技術の改善が先ではないかと、私は考えています。

環境や健康は、お金では買えません。そのことに、お金儲け第一主義の人たちに、気付けというのは無理な話なので、我々消費者が気づいて慎重に考えていかなくてはならないのではないでしょうか。

◆省エネ住宅とは何かを根本的に考えてみる◆

電気を太陽光で自家発電するから、電気代がお得であるというような、電気がないと暮らせないようなエアコンありきの住宅は、本当の意味で環境にやさしい省エネ住宅だとは思えません。まして、使用後に環境破壊の恐れがある、などというのはもってのほかです。

当社が考える省エネ住宅は、自然素材の調湿作用を最大限活かした住宅です。自然素材の利点がきちんと活かされるという方向で、省エネ住宅を実現させたいと取り組んでおります。日本の四季を知り、雨の多い気候に備え、その土地に合った建材を使い、その土地に合った工法で建てる。

夏には日光を遮り、涼しい風が家の中を抜けて、冬には日差しを取り込み、温かな住宅。最小限の冷暖房で快適な住宅。そして、メンテナンスにやたらと費用をかけなくても、寿命の長い住宅。それが当社の目指す本当の意味での省エネ住宅です。

■第五章　災害と日本の森林問題を考える

◆増え続ける雨量と異常な降り方◆

近年、我が国では豪雨災害が大変増え、皮肉にも毎年「五〇年に一度の大雨」という言葉を聞き続けている気がします。特に二〇〇〇年代に入ってからは、豪雨災害の頻度が高まっていると言われています。

<table>
<tr><th>1時間雨量（mm）</th><th>予報用語</th><th>人の受けるイメージ</th><th>人への影響</th><th>屋内（木造住宅を想定）</th><th>屋外の様子</th><th>車に乗っていて</th><th>災害発生状況</th></tr>
<tr><td>10以上～20未満</td><td>やや強い雨</td><td>ザーザーと降る</td><td>地面からの跳ね返りで足元がぬれる</td><td>雨の音で話し声が良く聞き取れない</td><td rowspan="2">地面一面に水たまりができる</td><td></td><td>この程度の雨でも、長く続く時は注意が必要</td></tr>
<tr><td>20以上～30未満</td><td>強い雨</td><td>どしゃ降り</td><td rowspan="2">傘をさしていてもぬれる</td><td rowspan="4">寝ている人の半数くらいが雨に気がつく</td><td>ワイパーを速くしても見づらい</td><td>側溝や下水、小さな川があふれ、小規模の崖崩れが始まる</td></tr>
<tr><td>30以上～50未満</td><td>激しい雨</td><td>バケツをひっくり返したように降る</td><td>道路が川のようになる</td><td>高速走行時、車輪と路面の間に水膜が生じ、ブレーキが効かなくなる（ハイドロプレーニング現象）</td><td>山崩れ・崖崩れが起きやすくなり、危険地帯では避難の準備が必要
都市では下水管から雨水があふれる</td></tr>
<tr><td>50以上～80未満</td><td>非常に激しい雨</td><td>滝のように降る（ゴーゴーと降り続く）</td><td rowspan="2">傘は全く役に立たなくなる</td><td rowspan="2">水しぶきであたり一面が白っぽくなり、視界が悪くなる</td><td rowspan="2">車の運転は危険</td><td>都市部では地下室や地下街に雨水が流れ込む場合がある
マンホールから水が噴出する
土石流が起こりやすい
多くの災害が発生する</td></tr>
<tr><td>80以上～</td><td>猛烈な雨</td><td>息苦しくなるような圧迫感がある。恐怖を感ずる</td><td>雨による大規模な災害の発生する恐れが強く、厳重な警戒が必要</td></tr>
</table>

（気象庁より）一時間に雨量が50ミリを超えると多くの災害が発生し、80ミリを超えると雨による大規模な災害の発生する恐れが強くなる

（出典：気象庁ＨＰ「知識・解説」『雨の強さと降り方』参考：https://response.jp/article/2011/09/17/162486.html）
（https://www.jma.go.jp/jma/kishou/know/yougo_hp/amehyo.html）

世界的な気候変動が深刻化しており、干ばつ地と洪水地の被害は、どちらもこの二〇年上昇傾向にあります。地球全体の雨の量に変化はなくとも降り方が変わり、日照りで苦しんでいた地域は一層日照り、洪水で苦しんでいた地域は洪水が激しくなるという傾向が顕著なのです。日本も例外ではありません。

気象庁の過去の統計を見ると、一時間降水量五〇ミリ以上と一時間降水量八〇ミリ以上の年間発生回数は、確かに上昇傾向にあります。より強い雨ほど増加しており、一九八〇年頃と比較すると、頻度はおよそ2倍になっています。

二〇一七年の九州北部豪雨では、福岡県朝倉市付近の二**四時間雨量が**一**千**ミリ**に**達しました。二〇一八年の西日本豪雨では、全国の総降水量が二三万三四五三・五ミリに達する記録となり、二〇二〇年の七月豪雨では、その記録を更に超える二五万三〇四一・五ミリに達しました。一時間雨量、二四時間雨量、七二時間雨量の計測では、各地で「一九七六年の統計開始以降最大」という言葉が使われる雨量が記録されています。

異常気象だとか、五〇年に一度などと言われますが、毎年起こるのであれば、そういう気象に変化してきた、ということになり、その対策を備えなければなりません。しかし、気象の変化に対して、行政による対策は追いついていない状況です。

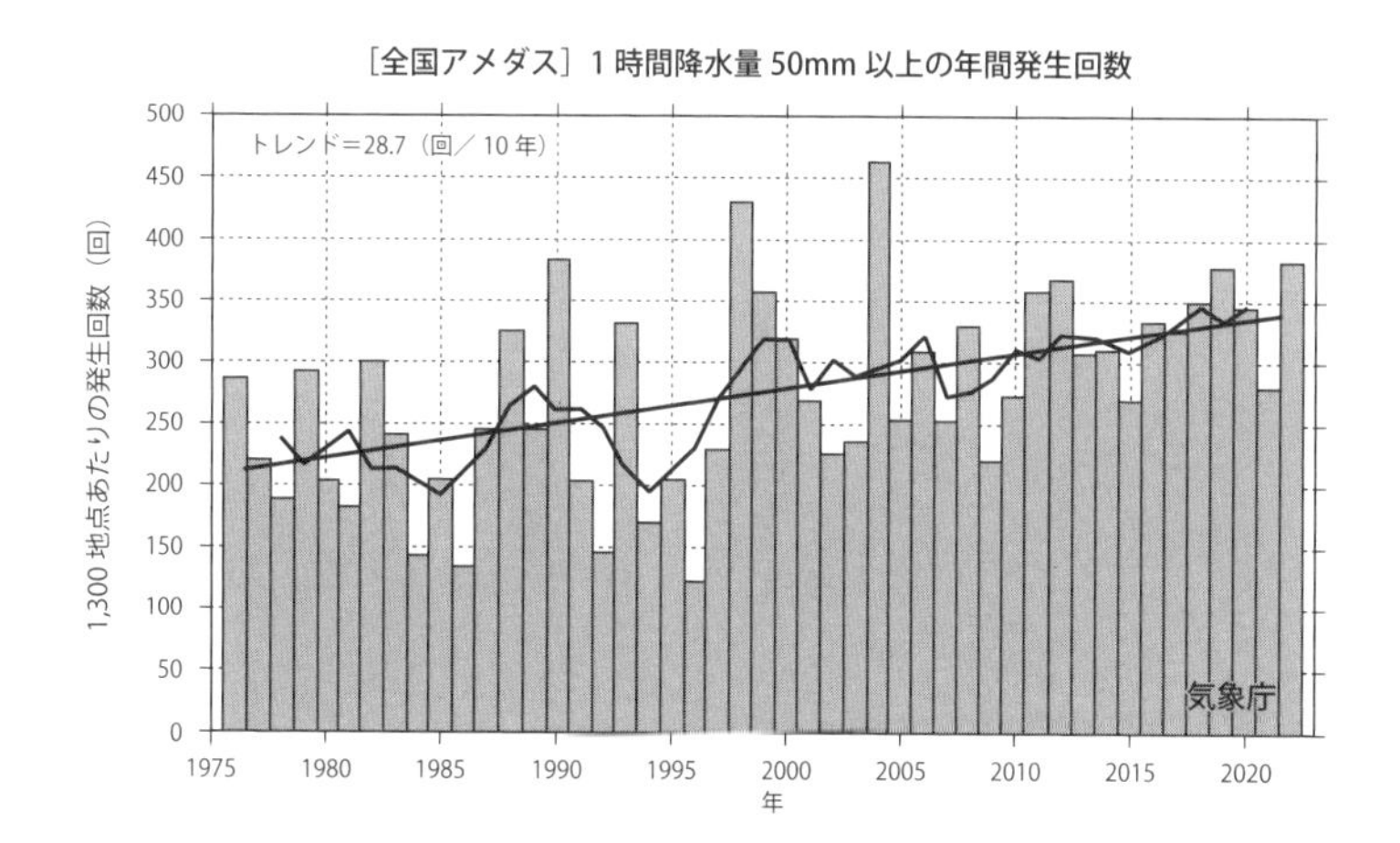

図　全国の1時間降水量50mm以上（上）、同80mm以上（中）、同100mm以上（下）の大雨の年間発生回数の経年変化（1976～2022年）

（気象庁より）棒グラフ（緑）は各年の年間発生回数を示す（全国のアメダスによる観測値を1,300地点あたりに換算した値）。折れ線（青）は5年移動平均値、直線（赤）は長期変化傾向（この期間の平均的な変化傾向）を示す。

（出典：気象庁HP「各種データ・資料」『大雨や猛暑日など（極端現象）のこれまでの変化』https://www.data.jma.go.jp/cpdinfo/extreme/extreme_p.html）

◆治水対策◆

もちろん、行政も手をこまねいているわけではないでしょう。一度でも決壊や氾濫した箇所は、当然次の大雨にも同じことが起きる可能性が大いに考えられますから、対策は講じているはずです。しかし、毎年、同じ河川が氾濫を繰り返すのは、なぜでしょうか。また、歴史的に洪水を繰り返している地域だけでなく、これまでに経験がなかった地域の河川が氾濫するのは、なぜでしょうか。

日本列島は高さ二千メートルから三千メートル級の山脈が、中央を縦走しているため、**世界でも稀な、急こう配の河川**が、狭い国土に流れているという地形を持つ国です。その河川の長さは短く、流域面積も小さいという特徴があります。また、大都市を中心に一九五〇年代後半から急速な人口増加とともに、各種産業や資産が洪水氾濫域に集中し、農地や川沿いの低地などが開発され、河川流域の保水能力が低下することとなり、雨水は行き場を失いました。

二〇二〇年七月豪雨では、九州地方で筑後川、大分川、玖珠川、中国地方では江の川、中部地区では飛騨川や長良川など、全国で多くの河川が氾濫しました。

熊本県では治水対策として、国が宅地のかさ上げ工事を実施していました。しかし、二〇〇九年に五メートルのかさ上げ工事が完成した芦北町、八代市坂本町などの球磨川沿い地区では、住宅に流木や土砂が流れ込み、二階まで浸水しました。二〇一六年にかさ上げ工事が完了した鎌瀬地区では、一棟丸ごと濁流に押し流されました。

河川の氾濫を防ぐための治水工事には、川幅を広げる、または川底を掘り下げることで、川の断面積を大きくするという工事や、堤防を築くという工事などが一般的です。洪水、水害というと、ダムや堤防といった河川への人工的対策ばかり注目されます。もちろん、河川の上流から下流、本流と支流や合流地点などで、必要な対策やできる対策は万全にやってほしいと思

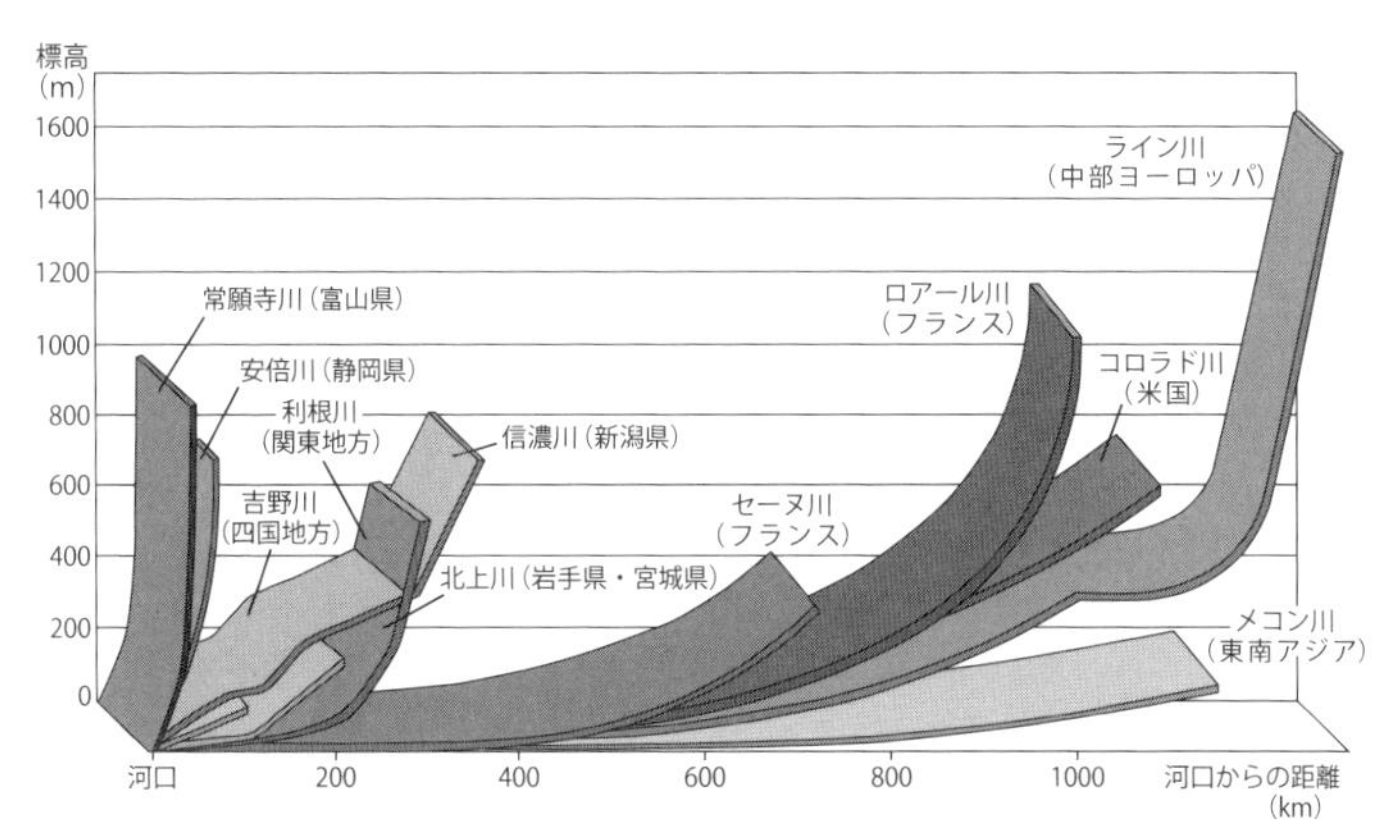

(出典「国土交通省HP　水管理・国土保全　水害対策を考える第3章水害・土砂災害の発生要因と社会構造の変化　3-1洪水を受けやすい国土『諸外国と比べて急こう配の日本の河川』」)

います。

しかし、従来通りの対策だけでは不十分であるのは、毎年の被害を見ればわかることです。視野を少し拡げて根本的な対策をしなくてはなりません。

それには、日本の森林問題、特に**人工林の放置という問題**が深く関わってきます。なぜなら、小学校の理科で習うようなことで、当たり前といえば当たり前のことですが、**河川と森林には深い関わりがある**からです。

◆洪水と森林の関係◆

雨が増えることにより川の水が増えて氾濫し、洪水になる、といった単純なものであれば、前述した治水対策が有効なはずです。しかし、それだけでは間に合わないほどの雨量が、局地的に降り続けています。

豪雨災害の恐ろしさは、水が増える、ということだけではありません。実際には、多くの雨が集中して降るため、**土砂が流れて堆積し、川底が高くなってしまい、溢れやすくなります**。更にそのうえ、**土砂や流木といった水以外のものが流れてくるため、雨量から想定していたよりも、水嵩は高くなってしまう**のです。

また、家屋が水に浸かってしまうという被害だけでなく、土砂の流入や流木の衝突で損壊する、土砂崩れで住宅が埋まってしまうなど、水による被害**以外**の要素が、豪雨災害の被害を甚大なものにしています。これまでのように、水だけの氾濫を対象としている洪水ハザードマップでは限界があるのです。

河川に対する治水工事はもちろんですが、**山の保水能力を上げる**という観点の治山治水工事を、国や自治体が全力を挙げて取り組まねばなりません。なぜなら**日本の山（森林）の保水能力が低いことが、豪雨の被害を増大させ、より一層深刻なものにしている**からです。

◆日本は森林大国である◆

「日本は資源が少ない」などと言われていますが、実は**森林大国**です。

国土における森林率を比較してみると、アメリカでは三二％、イギリスではたったの一〇％しかありません。文明国の多くは、国土の緑を犠牲にして、土地を開発してきたというのが世界の常識です。古くから文明が発達した国では、過去に極端な伐採が行われた形跡が多く認められているのです。

しかし日本は、国土の六七％が森林で、森林率（国土面積に占める森林面積の割合）ではフィンランドの七六％、スウェーデンの六八％に次いで、なんと**世界第三位**です。

その一方で、日本では木材の大半を外国からの輸入に頼っており、**世界の三分の一の木材を輸入しているの**ですから驚きです。世界の人口のたった二％しか住んでいない日本人が、それだけの木材を他国から輸入しているのです。

諸外国では、「日本人は国内の森林資源を温存して、海外の森を荒らしている」と言う人もいます。海外の森林を荒らして、環境破壊をしているのは事実ですが、国内の森林を温存しているわけではありません。

一九九五年の国内の**森林面積は、約二千五一〇万ヘクタールあり、その約四〇％にあたる約一千万ヘクタールが**※**人工林**となっていますが、人工林の成長量は大きく、その比率は現在、更に増えています。

この約一千万ヘクタールの人工林の多くは、第二次大戦後の復興期から高度成長期にかけて植えられたものです。しかし、その多くは、温存どころか、**放置されている**状態です。二〇〇六年時点で、**日本の人工林の八割が未整備状態である**とされています。そのため、土砂災害や森林の荒廃の危険性は年々高まっています。

※人工林……建築材などの生産のため、主に経済目的で植林された森林

◆日本の森林伐採の歴史◆

我が国では、これまでずっと豊かな森林が守られてきたというわけではありません。過剰な伐採による森林の**荒廃**と、伐採跡地への植栽や森林整備の努力などによる**回復**を繰り返してきたという歴史があります。

日本の森林の危機は、近代以前には二回あり、古代と戦国時代の建築ラッシュであると言われています。そして、近代になってからの最大の危機は、第二次世界大戦でした。日本の森はそうした乱伐、破壊の時代の後に多くの人々の尽力により再生してきた貴重なものといえます。戦後は大規模な植林が行われ、ようやく再生するかに見えました。

しかし、**現在、かつてないほどの危機に見舞われている**のです。それも、過去に繰り返されたような**略奪**、**収奪**、**乱伐による危機**ではなく、**伐採されない危機**、**放置されたことによる危機**です。

◆軍需による乱伐から戦後復興による乱伐◆

第二次世界大戦中、軍用の木材資源への需要が高まったため、国内の森林資源は乱伐されて著しく不足しました。その後、第二次世界大戦が終わってからは、一面焼野原となった国土を復興させるには、木材が不可欠であったため、既に乱伐されて乏しくなった森林資源の更なる乱伐が繰り返されました。

敗戦の翌年には、造林補助事業が治山事業や林道事業とともに公共事業に組み入れられました。戦争によって深刻な被害を受けた日本経済はその後、朝鮮戦争の特需という他国の戦争で息を吹き返していきます。

一九五〇年に朝鮮戦争が始まると、連合国側は日本に軍需用の木材を求めたため、木材の供給不足は更に厳しくなり、**木材価格は高騰**しました。また、戦後の食糧難は、山間地で焼畑農業を復活させ、各地で森林が焼かれました。食糧増産のため、農地の肥料にするための採草地が拡大するなど、林野の荒廃化は急速に進みました。こうして、**森林荒廃地への植林は喫緊の課題**となっていったという歴史があります。

一九五〇年以降、行政主導による森林資源造成政策が次々と打ち出されました。それほど、**当時の林野荒廃が凄まじかった**ことの現れでもあります。そこで政府は、「造林臨時措置法」を設けて造林資金を確保し、翌年には「森林法」を改正し、植え付けと伐採に届け出制度を確立し、造林に対する長期の低利融資、森林組合の整備も図りました。

◆拡大造林政策◆

一九五〇年代には、天然林（広葉樹林）を伐採した跡地などに、スギやヒノキ、カラマツなどの針葉樹を植栽する「**拡大造林**」**が農林省（現：農林水産省）などにより奨励されました。**

それまでの復興造林は、戦中・戦後の**乱伐採地の植栽**がその中心でした。それは「再造林」として、荒廃した林野、日本各地にあったハゲ山の緑化・再生を図っていくものでした。

それに対して、「拡大造林政策」は、**既存の天然材を伐採**し、その跡地にスギやヒノキ、カラマツなどの「経済林」を植栽し、育成していこうというものであり、積極的に**人工林の面積を増加**させようとするものでした。

この頃、戦後復興期から高度経済成長期に沸く日本では、空前の住宅建設ラッシュもあり、伐採と植林のバランスは、まだ伐採の方が勝っていましたが、結果的に造林運動は盛り上がりました。木材の供給不足を補うために、多くの**自然な山**、**豊かな原生林や天然林が伐採されて人工林に**されました。スギやヒノキの木材価格は、需要増加に伴い急騰し、木を植えることは銀行に貯金することより価値のあることのように言われ、いわゆる**造林ブーム**が起こり、林業は好景気に沸きました。

この造林ブームは、国有林・私有林ともに全国的に広がり、現在の人工林の総面積一千万ヘクタールのうち、約四割がこのわずか一五〜二〇年の間に造林されました。

◆木材の輸入自由化・破たんした日本の林業◆

この頃から始まる空前の住宅建設ラッシュによる木材需要の増加に、木材供給力はまだ足りず、残り少ない森林資源を所有する林家（りんか――林業を営む世帯、山林保有者）は、売り惜しみをすることで対応し、価格は上昇傾向でした。そのため、木材に代わる建築材の開発が進み、徐々に代替材が木材に取って代わるようになります。

更に、木材供給を確保するため、一九六三年、段階的に緩和されていた木材の輸入制限が、大幅に自由化されて海外から安い輸入木材が市場に入るようになりました。外径の大きな輸入材は加工しやすいなど使い勝手がよいと製材業者に好まれ、徐々に国内材に取って代わるようになり、一九七〇年中頃には七割を上回るほどとなりました。

代替材と輸入木材の出現により、次第に一〇年単位で管理・手入れの必要な人工林から木材を生産する林業は採算が合わなくなり、林業経営は苦しくなっていきました。

一方、同じころ高度経済成長により、外国へ車を輸出して外貨を得ることで生じた貿易摩擦で、アメリカからの農産物の輸入関税を撤廃し、日本は自給率を下げるという他国では例を見ない自殺行為に等しい政策を行います。いわゆる減反政策で、休耕田にお金をばら撒き、自国の農業を著しく衰退させる政策へと舵を切っていったのです。

実は、もともと、日本の林業は農閑期の農家が担っていることが多く、農業と林業は両輪となっていました。減反政策による農業の衰退と、林業経営が立ち行かなくなることで、人工林を造ってきた山村の人々の多くは、植え付けたものの林業収入が見込めなくなり、豊富な労働市場のある都市部へ移り住みました。

こうして、除間伐や枝打ちなどの必要な保育をされることのない**放置された人工林**が、大量に生まれることとなりました。


その一方で、国内の拡大造林政策は見直されることなく続けられて、一九九六年にようやく終止符を打たれましたが、膨大な人工林が、管理の担い手を失い日本中に残りました。

その結果、多くの森林が放棄され、村民が全員離村してしまう例などもある中で、森林を守る新たな取り組みをしなければならない時期が、とうに過ぎているのに、現在までも有効な手立てはなされていない状況が続いています。

◆輸入木材は、なぜ安いのか◆

国産材に取って代わった輸入木材ですが、そんなに輸入したいほど、海外からの輸入木材の質が良い、素晴らしいのかというと、そういうわけではありません。長い輸送の期間、腐らないように防腐剤を、また虫が湧かないよう防虫剤を大量に散布・注入しており、木材を使うメリットである「**自然素材**」**の利点より、毒性の方が高くなってしまっているも**のも多くあります。

ではなぜ、わざわざ遠い外国から輸送費をかけて輸入するのかというと、**海外の木材を輸入する方が安い**という理由です。なぜなら、その木を育てるために、お金と人件費と（自分たちの）時間をかけていないからです。

地球環境を未来に繋ぐという発想、豊かな国土という財産を子孫に遺すという視点、国の豊かな資源を育て活かすことの利点よりも、目先の利益のことだけを重視するという、バブル期に大量消費社会をひた走った多くの日本人らしい発想です。国内の森林を管理し、自国で木材を供給するより、遠くの他国の森林を伐採して得た木材の方が安くつくということで、国内の森林は植林されたまま、必要な間伐などもされずに、長い間放置されているのです。

そして、そのツケは現代の我々に、様々な形で降りかかってきますが、その最たるものが、豪雨災害の時に起こる土砂崩れや洪水といってよいでしょう（我々日本人が、伐ったら伐りっぱなしにしたことで、他国においても、森林破壊による災害などが、その国に住んでいる人々に降りかかっていることでしょう）。

◆直根を切られて植林される苗木◆

二〇一三年六月一九日付の『朝日新聞』で、「防災林　植え方に警鐘」という記事が掲載され、山寺元信州大学教授が「**地中深く伸びる直根、切らないで**」と提言されています。人工林では苗木の植え付け時に直根（ちょっこん）を切るそうです。植え付け作業が楽になり、また細根が増え、苗の定着率が高くなると言われているためです。

本来、スギは直根を地中深く伸ばすのですが、土砂災害で根こそぎ倒れたスギに、直根は見当たりません。下草がなく、治水能力が低くなった土壌に、直根のない同じ樹齢のスギやヒノキが密集して植えられている人工林は、豪雨の際、土砂や流水とともにあっという間に倒れます。

はっきり言って、これでは倒れるに決まっているのです。直根が地中深くにしっかりと伸びている健康な木であれば、土砂が流れても風が吹いても木はしなり、立っていられるのです。原生林や天然林では、あのような災害は起こりにくいのです。

恐ろしいことに、防災林（防風林、水害防備林、防潮林、防霧林、なだれ防止林など、災害を防止、あるいは緩和する目的で造成された森林）も、直根を切って植林されています。

また、よく使われているポット苗も根が広く張れず、とぐろ状のまま生育し、容易に引き倒されてしまうため、直根のない植林と同様に土砂災害を起こしやすいと言われています。**根の正常な生育という視点をもった森づくり**が、今後大きな課題となることが、雨の降り方の変わった日本では最も重要であると、私は考えています。

◆放置された人工林◆

ヒノキやスギが繁っている**放置された人工林**に入ると、真昼でも薄暗く、空を見上げても樹木の先端が見えないほど高くそびえ立っています。太っている木がある一方で、既に弱っている木、根の張りが広がることができず、根だおれを起こしている木がたくさんあります。

定期的な間引きや、枝打ちをされていないために密集して、光を求めて高く上に細く伸びた人工林には、地面には光が全く入らず、草はまばらにしか生えておりません。地面には、スギ林であれば雨風で落ちたスギの枝葉しか見当たらず、他の植物の姿を見つけることはできません。苗木を植える際、雑草が生えないよう、薬剤が撒かれていることもあります。放置された人工林では、いわゆる「**下層植生**」**が死に絶えてしまう**のです。

地表は、つまようじを刺しても、一ミリも刺さらないくらいカチカチに固くなっています。これでは、雨が染み込むはずもありません。斜面の下の方を見てみると、流された枝や土砂が堆積しており、雨の時に何が起きているのか、容易に想像がつきます。

落ち葉や下草から作られる土壌が貧弱になると、林地に**表面浸食**が起き、雨が降った時に、地面が雨を含むことなく表層を流れていく「**表土流亡**」（表層土壌の流出……保水力の低下や下流域での洪水の要因となる）が発生し、土砂崩れが起きやすくなります。山の治水能力の低下は、このようにして、結果的に人工的に作られています。これは、河川の氾濫にダイレクトに関わっています。

一度、下層植生が絶えた森林で、それを復活させるのは容易なことではありません。

◆人工林が放置されると、洪水や土砂崩れが起きやすくなる◆

このように現在、**日本の人工林は**、「**緑の砂漠**」と呼ばれる深刻な状態となっています（遠目には、緑に覆われているものの、実態は生物多様性という面で非常に乏しい森林となってしまっている)。

本来、下草や木には、地面を耕す働きがあるのですが、五〇年ほどで伐採される予定で、狭い間隔に大量に植えられたのちに放置された人工林は、地面を耕すどころか、土の栄養分を奪い合っています。

狭い間隔に苗木をたくさん植えると、木がまっすぐ育つため、木材利用のための植林は、**間伐することを前提に、たくさんの苗木を隙間なく植える**のです。しかし、先にも述べた通り安い輸入木材に、木材の供給を取って代わられ、人工林の間伐がまともに行われなくなっています。

長い時間と管理のための人件費、手間がかかる森林の手入れを、民間の人たちが儲からない、採算が合わない、暮らしていけないといった理由で止めてしまうのは、仕方のないことでもあります。森林の整備、間伐を中心とした手入れにかかる費用は回収できず、赤字になることがわかりきっているから、やりたくてもやれないのです。

しかし、やり始めたのは、当時の政策や農林省（現：農林水産省）による林業への後押しがあったからです。低金利融資の政策で借金を背負って始めたものの、借金とお金のかかる森林だけ抱えて、食べていけなくなった彼ら林家に責任があるでしょうか？

民間がやれないことで、やる必要のあることは、税金を使って行政がやるべきです。そもそも森林整備は、公共事業でした。しかし、日本の公共工事の多くは、金儲けを目的としたもの、政治的パフォーマンスを重視したものばかりがもてはやされ、本当に必要な公共工事はおざなりにされてきました。

豪雨は天災かもしれません。しかし、やるべきことがあるのに、それをやらないせいで大きくなる被害は、**人災といっても過言ではない**のではないでしょうか。

豪雨で、どこの川が氾濫した、浸水した、という映像をニュースで視るたびに、上空のヘリコプターから映される上流の山は、必ずといっていいほど人工林であり、やはりという思いと、やるせない思いに胸が痛くなります。

山が山の役割を果たさなければ、里の暮らしを守るどころか、脅威にすらなるのです。本来、山は保水して、水資源としての観点からも、水害対策としての観点からも、我々の暮らしを守ってくれるものですが、今や土砂崩れを起こして河川を氾濫させ、下流域の人々の生命すら脅かします。

◆本来の森林の役割とは　水源涵養機能と洪水緩和機能◆

森林は、本来どのような働きをするのでしょうか。森林には、**水源涵養機能**と、**洪水緩和機能**があります。

森林に降った雨や雪などの降水は、すぐに森林から流れ出ることはなく、地中（土壌）に浸透し、地下水となりゆっくりと流れ出ます。このため洪水や渇水が緩和されたり、地中に浸透する過程で水をろ過して、澄んだ美しい水を私たちに提供してくれます。この働きのことを「**水源涵養機能**」といいます。

森林に雨が降る時に働く二つの作用には、平準化作用と蒸発作用があります。

平準化作用とは、雨水を一時的に保水し、川や地下水にゆっくりと流していく作用です。この作用は、大雨の一部を保水し下流に流れる速度を抑えることで「洪水緩和機能」として働きます。また、地中に深く浸透した水は、ゆっくりと時間をかけて河川へ流れ出てきて、雨が降らない期間、川にゆっくり水を流し続けることで「水源涵養機能」としても働くのです。

蒸発作用とは、雨水を一時的に保水し、水蒸気として大気に戻す作用です。根から吸い上げた水分が、葉より大気に戻される、あるいは葉や幹に付着した雨粒が、そのまま水蒸気になるといった形で、いわば**木が水分を消費する**ことです。この作用は大雨の一部を保水、蒸発させることで「洪水緩和機能」として働きますが、保水した水は川に流れないので「水源涵養機能」としては働きません。

放置された人工林は、木が密集して生えているため、**蒸発作用**は大きく働きます。しかし、平準化作用は木の樹冠ではなく、林床の土壌の状態で決まるため、落ち葉や下草がないために土壌が流出し、根が地表に見えているような放置人工林では、平準化作用は小さくなります。

要するに、雨を消費はするが、蓄える力は小さいのです。結果、総保水力が小さくなり、**洪水緩和機能も小さくなる**ことになります。

放置されて荒れた人工林と、間伐されて管理が行き届いた人工林を比較すると、大雨が降った時に河川の流量の増水の仕方に差が生じることが予想されています。放置人工林は、管理人工林に比べて早いタイミングで増水し、一気にピークに達してしまうのです。

また、蒸発する水を「緑の水」、川に流れ人間が利用できる水を「青の水」とも表現しますが、下流域の人間が期待しているのは、「青の水」を増やす森林の作用です。「青の水」が小さい放置人工林は、**水枯れも引き起こしやすい可能性が高い**といわれています。

◆人工林の放置が引き起こす、様々な問題◆

人工林の放置は、洪水や河川の氾濫だけでなく、他にも様々な問題を引き起こします。その要点を述べると、次のようになります。

・**生態系の破壊**　先ほどに述べた緑の砂漠状態になった人工林は、草や木の実、小動物など生物多様性が低いために、野生動物の餌がなく人里に下りてくる主な原因の一つとも言われています。人里に下りてきたイノシシは、人間の残飯などカロリーの高い餌を食べて巨大化し、アーバンイノシシと呼ばれ、街で人を襲うなど、国内に限らず海外でも問題になっています。一度カロリーの高い餌の味を覚えたイノシシは、山での暮らしに戻ることはできません。

・**健康被害**　これは、私自身もひどく悩まされている健康被害ですが、人工林から飛散する大量の花粉が花粉症の原因として問題となっています。アメリカから来た知人は、日本で暮らして一年目に、初めて花粉症になったそうです。ちなみにアメリカでは、それほど花粉症の患者は多くないそうですが、日本では厚生労働省が調査した結果、三割の国民が花粉症であると言われています。花粉症は、日本の「国民病」、公害であるとさえ言われています。

当の林野庁は、「スギ花粉がアレルゲンとして認定されたが、拡大造林当時は、大量のスギが花粉症を引き起こすという認識はなかった」と自らの責任を否定しています。

・他国と自国の森林破壊　外国の豊かな森林、原生林や天然林をものすごいスピードで破壊しています。伐ったら伐りっぱなしの、食いつぶす行為です。その一方で、自国の森林は植林後に放置されており、その対策を行わないことで、こちらも環境破壊が進んでいるのです。

◆建築に携わる私たちにできることは何か◆

木は生育した年数だけ、伐採したあとの寿命がもつと言われています。五〇年の樹齢の木は、伐採されて木材になったあと、五〇年建材として生きることができます。日本で最古の木造建築物であり、また世界最古の木造建築物でもある法隆寺のように一千年の樹齢のヒノキを使えば、一千年もつ建築物となるわけです（数百年単位で大改修を行っていますが、一千三〇〇年もの間美しい姿を保っています）。

一般の住宅に樹齢一千年の木材を使うことは、現実的ではありませんが、長持ちする住宅を建てるなら、せめて一〇〇年以上の樹齢をもつ木材を使用したいものです。そのためには、一〇〇年、二〇〇年、木を育てて、建てた住宅は長くもつように修繕しながら大切に住み継ぐ。そうすれば、その間にまた木を育てることができるわけです。

森林を伐らないで守ったり、植えて回復しなければならないのは、開発による過剰な伐採で砂漠化が進んでいるアマゾンの熱帯林など、海外の森林に求められているものであって、日本とは事情が異なります。

日本では、収穫期を迎えた森林を適宜伐採し、植えて、育てる、そして伐採する、というサイクルを回しながら、森林を健康な状態に回復させる必要があります。日光が地面まで差し込み、正常な土壌をもつ森林にしなければなりません。そのためには、国産材を積極的に利用し、需要を高めて経済を林業に循環させる必要があります。

そうするためにも、人間の寿命を超えた期間の管理が重要になりますから、国家単位での管理・生育が必要な事業です。しかし林業は、予算・人員・研究が、他の分野に比べて圧倒的に足りていません。短期的に目先の儲けが生まれないために誰もやりたがらない。そういうところこそ、税金を使って公がやるべきなのに、我が身のパフォーマンスにならないためか、政治家もやりたがりません。

効果が現れるのが、長い年月がかかるのは必然であり、長期的な展望に基づいた施策の必要性もありますが、自分の任期の間に結果が得られないため、誰もやろうとしません。
それならば一層、私たち国民ひとりひとりが、国や自治体に強く求めていかなければなりません。そのためにも、誰もが安心して暮らせるようなことに、公の税金を使っているかどうか、我々は目を光らせなければならないのです。

◆どのような家を建てるか、消費行動は責任を伴う◆

河川の上流の状態は、下流に住む人々の生命に直結しています。高台に住んでいれば、無関係でしょうか？　山や森林が健康な状態であるかどうかなど、一切関係ない、という人間はひとりもいないはずです。誰しも、長い年月のめぐりめぐっている自然の営みによる恩恵を受けながら、それに影響されて生かされています。蛇口をひねれば綺麗な水が出る我々は、そのことを忘れてしまいがちです。雨は我々人間の飲み水になり、木はそれを地下に蓄えてゆるやかに川へ流してくれます。一見、自分に関係ない、と思うようなことさえも、生きている限り、必ず何かしらの関係があるものなのです。

家を建てて長持ちさせることと、木を育て、山を守ることは、里の集落、人々の命や暮らし、次世代の命を守ることにも繋がっています。仮に、効率を重視してそれぞれを分業させてしまったとしても、考える際は同じ目線で、あらゆる角度から大きな視点で考えなくてはならないのです。

◆私たちの生命と環境は繋がっている◆

短い寿命の家を建ててしまえば、またすぐに次の新築の住まいを建てなければならず、木材を育てる期間をもつこともできません。新築住宅を大量生産したい、新築住宅を商品経済市場に乗せたい建築業界は、それが望みなのかもしれませんが、新築住宅のようなエネルギーを多大に使ってできる建築物を使い捨てのようにすることは、とんでもない環境破壊となります。

長持ちしない、すぐに解体せざるを得ないような家を建てる新築業者に、家を建ててほしいとは私は思いません。しかし、現実には、新築業者、大手ハウスメーカーも含めて、そのような家を大量生産する時代が、日本では長く続いております。建築業を生業とするものは、木の育成、山林のあるべき姿から考えねばならないのです。

我々、住宅の建築やリフォームに携わる人間は、これまでの建築業界の在り方を大きく転換しなければならない時期に来ています。もしかしたら、とうにその時期を過ぎてしまっているのかもしれません。手遅れになる前に、自然界からの数々の警告に気づかなくてはなりません。

◆緑の砂漠から、緑のダムへ◆

本来、緑豊かな森林は、土壌生物が堆積物を分解し、栄養分を含んだ腐葉土層を作ります。土壌生物の活動により、森林土壌には「孔隙（こうげき）」と呼ばれる大小無数の孔が存在するようになります。すると森林土壌はスポンジのようになり、雨水を速やかに地中に浸透させたり、保水の機能を持つようになります。

このため、大雨が降っても下流の河川が急に増水することはなく、また日照りが続いても水が涸れることはありません。つまり、雨水がゆっくりと河川に流されるので、洪水や渇水が緩和されるのです。そのため、本来、健康な森林は「緑のダム」と呼ばれていました。それが今では「緑の砂漠」と呼ばれてしまっているのです。

「国の宝は山也。山の衰えは則ち国の衰えなり」江戸時代初期の秋田藩家老・渋江正光

「山川は国の本（もと）なり。山は木あるときは、神気さかんなり。木なきときは、神気おとろへて、雲雨をおこすべきちからすくなし。木草しげき山は（中略）洪水の憂いなし。山に草木なければ（中略）洪水の憂いあり」岡山藩に仕えた儒学者・熊沢蕃山

放置された人工林は、日本中にあふれています。地元に流れる河川が氾濫しないか心配したことがある人も、その河川の上流の山がどのような状態か気にかけてみた人は、あまりいないでしょう。しかし、我々**ひとりひとりが山や森林のあるべき姿への意識を高めていくこと**が、これからの**豪雨に対する大きな備えとなる**のではないでしょうか。人々の意識の変容は、行政や国の方向性をも動かすことでしょう。

■あとがき

技術の進歩には、目覚ましいものがある。およそ三五万年前から一五〇万年前の間に火を獲得したといわれている人類が、宇宙へ行き、ビジネスパーソンでなくとも、ごく一般の人が海外の人と、ほんの小さな端末で瞬時に繋がることができるようになった。ＡＩが出現し、映画『ブレードランナー』で登場したレプリカントが、現実の世界にいつ現れてもおかしくない時代となった。

住宅の性能も例外ではなく進歩している。現代の住宅設備は快適になり、冬暖かく夏涼しいのは当たり前となった。この五〇年だけを見ても変化は著しく、浴室は脱衣所まで温かく、外出先からお風呂を沸かすことができるようになり、床暖房や温水洗浄器付き便座などは、子どもの頃の私（一九四七年生まれ）が見たら、恐らく腰を抜かすであろう。

一方で、いつの時代にも技術の進歩では、どうにもならないことがある。いかに科学技術が進歩しようと、時代が変化しようと、自然の摂理は不変である。自然に逆らうことはできず、日常の風雨、突然の自然災害など、人智ではどうにもならない脅威が、常に我々人間のそばにある。

地球で暮らしていく以上、自然の脅威と、いかに付き合っていくか、いかに自然を壊さないようにその恩恵をいただくかが、これからの人類の進むべき進化の、唯一の道であると確信している。しかし、様々な思惑、利益追求主義、利権構造などが健全な進化を阻んできた。

経済の発展は、経済が循環する社会の一員である我々にとっては喜ばしいことだが、一部の大企業の利益追求が優先されることにより、健全な進化を妨げられた分野はたくさんある。

新築住宅業界やリフォーム業界などは、まさに利権や利益の追求のみが優先されて、住む人のための進化を妨げられている分野であろう。

日本の気候風土を全く無視して低コストを重視した、軒のない・または小さい住宅、屋根勾配の小さい住宅、ガルバリウム鋼鈑・サイディングを屋根や壁に使用した住宅などは、三〇年先、五〇年先、一〇〇年先にどのような姿になっているであろうか。

修繕・リフォームの現場で、一五〇年を超える木造建築住宅の、時を経ても堂々とした姿の前に立つたび、近年建てられている新築住宅の未来を憂えずにはいられない。

この本が、必要な人々の手に届き、また人々の健全な思考と、賢明な選択の一助となることを、心から願ってやまない。

北斗建装　代表取締役　小原由正

■参考文献

・『LIFE SHIFT』リンダ・グラットン著（池村千秋・訳　東洋経済新報社）
・『シロアリと生きる　よそものが出会った水俣』池田理知子著（ナカニシヤ出版）
・「岩波科学ライブラリー　シリーズ　『シロアリ』」松浦健二著（岩波書店）
・『住宅が危ない！　シロアリ「床下」が危ない！』神谷忠弘著（エクスナレッジ）
・『農業協同組合新聞』（山口県）二〇一九年五月二三日
・『朝日新聞』二〇一〇年一月六日
・『太陽光発電の歴史』

※参考サイト

林野庁
『日本の林業の現状』森林・林業学習館
『森林科学』一九号一九九七年二月号「どうしてできたか1千万ヘクタールの人工林」藤田佳久・著（愛知大学名誉教授／地理学者）

■参考文献

『間伐　日本の森を再生させるために』全国森林組合連合
『日本の森は今』ＮＰＯ法人　森の蘇り　より

著者プロフィール

小原 由正（おはら よしまさ）

有限会社北斗建装　代表取締役

1947年大分県生まれ、同県在住。大学進学を機に上京。東京都内の大手総合資材メーカー、大手ハウスメーカーの営業職をへて、故郷大分県に戻り喫茶店・レストラン・パン屋を経営したのち、現場の職人から始め有限会社北斗建装を設立。大分県内全域を商圏としている。2015年から放送が始まったOBSラジオ「住まいのお悩み相談室」に、毎週出演中。

小原 碧（おはら あおい）

有限会社北斗建装　広報企画室室長

2級建築士、ホームステージャー1級、ブッシュクラフトアドバイザー、ナチュラルフードコーディネーター。

1975年大分県生まれ。明るい不登校児家庭を目指した子育ての経験から、不登校児の親と子の声を聴くボランティアを、SNSを中心に活動中。

読んだら眠れなくなる住宅の話

一億総思考停止社会への警鐘

2023年10月15日　初版第1刷発行

著　者　小原 由正
　　　　小原 碧
発行者　瓜谷 綱延
発行所　株式会社文芸社
　　　　〒160-0022　東京都新宿区新宿1－10－1
　　　　　　　　　　電話　03-5369-3060（代表）
　　　　　　　　　　　　　03-5369-2299（販売）

印刷所　株式会社フクイン

©OHARA Yoshimasa, OHARA Aoi 2023 Printed in Japan
乱丁本・落丁本はお手数ですが小社販売部宛にお送りください。
送料小社負担にてお取り替えいたします。
本書の一部、あるいは全部を無断で複写・複製・転載・放映、データ配信することは、法律で認められた場合を除き、著作権の侵害となります。

ISBN978-4-286-25052-6